イスラーム世界の女性たち

白須英子

文春新書
340

はじめに

「イスラーム世界」と聞くと、始祖ムハンマドが生まれた六世紀以降のアラビア半島を中心に、ユダヤ教徒やキリスト教徒が信仰する「神《ヤハウェ》」とは違う「アッラー」という独自の神を信仰して、現代の私たちから見れば奇異な風習を保持している社会を連想する人が多いかもしれない。「イスラーム世界」とはまた、妻は四人まで持てる男性天国、地方によっては女性の個性を抹殺するようなブルカやヴェールの着用を義務づけるなど、進歩的な現代女性の文明感覚を逆なでするような習俗を思い浮かべて、「別世界」と感じる人もいるであろう。

しかし、イスラーム世界の女性像は決して一様ではない。そうしたステレオタイプのイスラーム世界の女性像をとっくに卒業して、国会議員や閣僚ばかりでなく、トルコやインドネシアのように女性の首相や大統領を出している国もあれば、モロッコのように法曹界に女性の占める割合がアメリカより高い国もある。女性隔離のやかましい国では、かえってそれを逆手にとって、初等教育から高等教育まで女子校には女教師、女性患者には女医が必要なことから、こうした分野で働く女性は多く、女性専用の銀行、ショッピング・モール、カフェ、レストランなどで采配を振るビジネス・ウーマンも少なくない。

他方、地域全体がまだ旧習にとらわれているところや、一部の有識者層と庶民との格差が大きいところでは、女性の識字率は近年、飛躍的に向上しつつあるとはいえ、タリバン政権時代のアフガニスタンのように、女性の就学・就職を禁じたり、就学はよいが就職は女性相手の特別職のみ、車の運転や単独の旅行・外出はご法度というサウジアラビアのような国もある。

イランやサウジアラビア以外の政教分離している多くの国でも、イスラーム教徒が多く、民法とは別に家族法が「イスラーム聖法《シャリーア》」に準拠している場合には、時代の変化に伴って法律の解釈も変えていこうとする女性たちの要望に対して、保守的かつ男性の牙城である宗教界の意見は必ずしも一致していない。

一夫多妻や女性隔離などイスラーム世界独特のように見える風習は、実はイスラーム教が伝播されてゆく過程で、それ以前からその地域にあった伝統や気風を保持するのに好都合なように解釈された結果、その地域社会特有の掟として定着したものも多いのである。

では、一見奇異に、時には不合理に、場合によってはひどく時代遅れにさえ思われるイスラーム世界に住む女性たちは、こうした現状をどう受け止め、どんな気持ちで暮らしてきたのだろうか?

古今東西を問わず、女性には「ねえ、聞いてよ」という思いがあるものだ。とりわけ今、イスラーム世界の女性たちには聞いてほしい話がたくさんあるようだ。彼女たちは西欧的なものさしでイスラーム女性の生き方をあれこれ言われるのを好まない。大部分のムスリム女性はしかし、その地域ならではのイスラームの伝統と風習の中で育ち、それを子供たちにも受け継がせていこうとしている人が多い。

ムスリムの女性たちは〝つつしみ〟をとても大切にする。今日の西欧的先進社会では、〝処女〟や〝貞淑〟は死語だろうが、イスラーム社会ではまだ、高貴な香りを放っている。当節のごく普通のムスリム男性は、四人妻どころか、一人の妻を娶る結納金もなかなか用意できないくらいだが、親戚中が金を集めてやって、ようやく結婚できた青年が、「自分のところによく来てくれた」と感謝して妻を愛し、子供を可愛がり、家族のためにいじらしいほど一生懸命働いて、心温まる幸せな家庭を営んでいるというような人たちはたくさんいる。

多くの素朴でまじめなイスラーム教徒たちは、もしイスラームに負の遺産があるとしたら、それは本来の教えが歪曲されたり、富や権力のある者に好都合なように悪用されているのではないか、もう一度『コーラン』をひもとき、「イスラーム聖法《シャリーア》」を学びなおし、敬虔な宗教学者たちに預言者ムハンマドの「真の教え」はなんだったのか訊ねてみたいと思っているのではないだろうか。

とりわけ昨今の女性たちのなかにそのような傾向があると聞く。地方によっては物心ついたばかりの女の子が、家庭のなかで男兄弟よりも軽視されたり、余計者扱いにされたりしていると感じたとき、女に教育はいらないと、年頃になったら、親の決めた人と有無を言わさず結婚させられるとき、夫が断りもなく、第二、第三夫人との結婚宣言をしたとき、女性は、「これがイスラームの教えなの？」と疑問をもつ。性格がおとなしく、黙って耐えるしかない女性もいるが、家の片隅で、唯一女性にも許されている『コーラン』の勉強に打ち込み、どこにそういう掟が書いてあるのか、夢中で調べまくるという話を一度ならず聞いたことがある。

近年、女子の高等教育が認められるようになった国では、女性に法学部の人気が圧倒的に高く、トップクラスの国立大学の法学部で女子が半数を超えているところはいくつもあるようだ。一般大学の法学部とは別に、イスラーム神学・法学だけを学ぶ「マドラサ」と呼ばれる神学校があるが、これまで女人禁制だった地域にも、女子部や女性のための神学校もでき、志望者が多い。一般大学の法学部では、イスラーム法学ばかりでなく、ほかの法体系との比較法学的アプローチに女性の関心が集まっているという。

最近、話題が多い独裁政権、テロリズム、女性蔑視などの問題をかかえている地域のある女性がつぶやくようにこう言った。「独裁者、テロリスト、暴君など、歴史の徒花《あだばな》のような現象に加担する男性たちを生み、育ててきたのは無知で従順な女性たちだったんですよね」。「黙って耐える」「男を立てる」という大昔からの女性の美徳のうちにさえ、知らず知らずに歴史の徒花をはびこらせる温床があったことをほのめかされたような気がして、思わずはっとした。

矛盾や不都合を黙って耐えながら子供を育てると、同じ矛盾や不都合を増幅させてしまうんですよね、というこの匿名女性の言葉には重い響きがある。女性の不当な扱いに対する女性としての悩みは、何もイスラーム社会特有のものではない。西欧にだって、日本にだって、比較的最近まであった。いや、今でもある、と言っていいかもしれない。イスラーム聖法《シャリーア》の原点に還って勉強してみたいというムスリム女性の真摯な姿勢を、私も蔭ながら応援したい気持ちなのである。

もちろん、ムスリム女性といっても人それぞれ違う。私たち日本人女性と同様、「日本女性＝大和撫子」風にひとくくりにされるのは彼女たちも迷惑であろう。時代によっても、地域の風土や慣習によってもさまざまな暮らしがある。もし、そうした女性たちが目の前に現われて、「私はこんな風に生きてきました」と語ってくれたら……そんな思いから、私が直接に間接に、時には物語や歴史のなかで知ることになったイスラーム世界の女性たちの姿を綴って、読者の皆さんに「なるほど」「ホントに?」「やっぱり」「まさか」……と大いに共感したり、驚いたり、感嘆したりしていただくのが本書の狙いである。

「イスラーム世界」の範囲も厳密に定義はせず、預言者ムハンマドの登場以前も含めて中東とその近辺に生きてきた女性たちの声が少しでも聞こえるようであれば嬉しい。

イスラーム世界の女性たち＊目次

イスラームの世界地図
カザフスタン
スタン
キルギス
(新疆ウイグル
自治区)
タジキスタン
ガニスタン
キスタン
中華人民共和国
ート
インド
バングラデシュ
太
平
洋
フィリピン
モルジブ
ブルネイ
マレーシア
インドネシア
インド洋

アゼルバイジャン
チェチェン
カスピ海
黒海
ウズベキ
アルバニア
トルコ
トルクメニスタン
地中海
シリア
レバノン
イラク
イラン
アフ
チュニジア
モロッコ
ヨルダン
パ
アルジェリア
リビア
エジプト
サウジアラビア
クウェ
カタール
モーリタニア
オマーン
マリ
ニジェール
エリトリア
チャド
スーダン
セネガル
イエメン
ギニア
アラブ首長国連邦
ナイジェリア
エチオピア
ソマリア
ケニア
タンザニア
マダガスカル
イスラームが主流を占める国
イスラームが大きな影響力をもつ地域

プロローグ

リヤド・ミステリー

サウジアラビアの首都リヤドの繁華街スライマニア地区で、その奇異な出来事が起こったのは、第一次湾岸戦争でイラクのクウェート侵攻が始まった約三カ月後の一九九〇年十一月七日の午後だった。

四十七人の女性たちが運転手付の車でアル・タミミ・スーパーマーケットの駐車場にやってきて運転手を帰すと、一カ所に集合して代わる代わる「女性にも車の運転を認めるべきだ」と訴える演説を始めた。そのあと、約四分の一が運転席に乗り込んでハンドルを握り、残りのメンバーはそれぞれの車に分乗して混雑した道路へ走り出した。

数ブロック先の交差点で、風紀取締りを行なう「ムタワイーン」と呼ばれる宗教警察が、長い棒を振り回して彼女たちの車を停車させ、運転席にいた女性を引きずり出して、「売春婦、堕落した女ども！」などと罵った。やがて駆けつけた交通警察官は、「これは普通警察で扱うべき問題だ」と言って、ハンドルを取って代わり、宗教警察《ムタワイーン》を助手席に、女性たちを後部座席に乗せて本署へ連行した。

デモに参加した女性たちは全員、サウジアラビア王室の有力者と親交のある、いわゆる〝良家〟の出身で、実際に車を運転していたのはみな、国際運転免許証を持っている分別のある専門職の人たちだった。ファティン・アル・ザミール医学部教授など、大半は大学の教官で、アーイシャ・アル・マーナのようにコロラド大学で社会学の博士号をとり、ファッションからコンピュータ研修センターまで手広く事業を経営するビジネス・ウーマンもいた。

女性たちはデモを行なう前に、王族の一人でかなり進歩的だと思われていたリヤドの知事サルマン・ビン・アブデュルアジズに嘆願書を送り、ファハド国王に車の運転という〝人道に適った要求〟に〝ご温情溢れるお心〟を開いていただくように取り次いでほしいと頼んでいた。「預言者ムハンマドの時代に主要な輸送手段だったラクダに、当時の女性たちは乗っていたのですから」と書き添えて。

折からの湾岸危機勃発でサウジアラビアには地続きのクウェートから続々と避難民がやってきて、家族を乗せたメルセデスを、同じアラブ人であるクウェートの女性がヴェールもかぶらずに運転してくることもめずらしくなかった。

他方、女性兵士三万五千人を含む五十四万人のアメリカ軍も続々と進駐してきて、ポニー・

テイルの女性兵士がトラックなどの軍事車両を運転している姿も国内で見られるようになっていた。サウジアラビアでは、女性の運転は外国人も禁止されているが、非常時を理由に大目に見られていたらしい。

十月になると、検閲のやかましいサウジアラビアの新聞に、サウジ女性もいざというときは子供を安全に避難させられるよう、女性の運転を認めてほしいという記事が何度か載った。経済的理由をあげた人もいる。サウジの家庭では、平均して収入の二〇パーセントを運転手に支払っていて、家計の大きな負担になっている。裕福な家庭では住み込みの運転手を雇ったり、夫も認めた特定の人と契約したりしているが、すべての女性の移動のためには絶対数が足りない。それに、イスラームの倫理からして、家族以外の男性と二人だけで外出するのは好ましくないはずだと、もっともな理由をあげる人もいた。

くだんの女性ドライバーたちを警察に引き止めているあいだに、リヤド知事サルマンは著名な宗教法学者にどう処理するべきか尋ねたが、全員がサウジの法律で認められている国際運転免許証を持っていたし、『コーラン』には女性の車の運転の禁止を示唆すると解釈されるような箇所は見当たらないとの回答を得たため、女性たちはこのような行動は二度としないという始末書をとられただけで放免された。報道規制が敷かれていたので、事件の波紋はそれほど広がらないように思われた。

意外な展開

ところが、一夜明けてみると、事態は様変わりしていた。外国のメディアがいち早く報道したために、ニュースはあっという間にちまたに広がってしまったのである。大学に出勤した女性教授たちは、女子学生たちから英雄扱いされるだろうと期待していたのに、教官室のドアには非イスラーム的行為だと批判する落書きがされていたり、授業をボイコットしたクラスさえあった。

「堕落行為、挑発行為の推進者」という大見出しで、デモ参加者たちの名前が電話番号入りで載っているばかりか、「アメリカかぶれの世俗主義者」、「コミュニスト」、「神聖な一神教徒の土地から追い出せ！」などと書きたてたチラシが配られ、女性たちの家には嫌がらせの電話がひっきりなしにかかってきた。夫が電話に出ると、「あんな娼婦のような女とは離婚してしまえ」「自分の女房をコントロールできないのか」などと非難の言葉を浴びせられた。

モスクでは説教師が、女性たちの運転を認めてほしいという訴えそのものよりも、演説中に一人の女性が仲間の賛同の声に気が大きくなって、ヴェールを外して地面に投げ、足で踏みつけたのはイスラームを冒瀆する行為だと激しい言葉で非難した。

噂を聞いた一般市民数千人が、国王や内務大臣、知事らに怒りを表明する電報を打とうと郵便局に殺到した。対応しきれなくなった職員は、仕方なく標準的な抗議電報文を作成し、発信者の署名だけ入れてもらうようにして、なんとかその場を切り抜けた。

王家は、『コーラン』の「女性の名誉を傷つけた罪は八十回の鞭打ち刑に値する」という一節を盾に彼女たちの味方に立つこともできたはずだったのに、王族の一人であるサルマン知事はたちまち旧習にこだわる保守派の圧力に屈して自分の見解を引っ込めた。政府は改めて女性たちを解職処分にし、パスポートを没収する一方、宗教警察《ムタワイーン》の活動費を増額する措置をとった。

デモから一週間後、王族の一人であるナーイフ内相は、メッカでのある会合で、女性たちのデモを「愚かな行為」と非難し、参加した女性のなかには「外国育ちや、イスラーム教徒の家庭の出身ではない者もいた」と述べたうえで、イスラーム最高宗教学者会議の議長アブドゥルアジズ・ビン・バーズから出された、女性の車の運転は「サウジアラビア国民が従ってきたイスラームの伝統」に矛盾するという新たな法的見解《ファトワ》を読み上げた。

「これまで女性の車の運転を違法行為として摘発しないことがあったかもしれないが、これからは法律違反とする」というナーイフ内相の発言が、まもなく新聞の第一面に大きく掲載された。

これが、女性の運転をめぐるデモ事件について、サウジの新聞が掲載したはじめての記事だった。

目撃証人

「ウォールストリート・ジャーナル」紙の中東特派員として三年目を迎えていたジェラルディ

ン・ブルックスは当時リヤドにいて、このデモが行なわれる前から参加者の一部の女性たちと面識があった。ところが、この騒動のあと、だれとも連絡が取れなくなってしまった。彼女たちはいかなる外国メディアとの接触も、再逮捕につながりかねないと警告を受けており、電話はすべて盗聴され、家は監視されていたからである。

そのなかの一人が、「誇り高き一サウジ女性より」とだけ記した悲しい手紙をくれた。彼女は、「魔女狩り」が進行中であると記したうえ、「狂信的な信徒たちが学生に、デモ参加の女性教官たちを非難する訴状にむりやり署名させた」。彼らは、「この出来事を利用して自分たちの潜在威力を誇示し、反自由主義、反政府、反アメリカ感情を醸成しようとしている」のだという。もう一人の女性は、「あの時、私もそこにいたと、孫娘たちに語ることができるように、デモに参加した」と、ひとこと書いてきただけだった。

あるデモ参加女性の身内の男性は、「ぼくは彼女を応援していたのですがね、タイミング的にもちょうどいい機会だと思っていましたから。でも、これで彼女たちの主張は二十トンのコンクリートの下に葬り去られたのも同然で、目的の達成は十年後戻りしてしまいました」と当惑顔で語った。外交官の息子として外国で育ち、アメリカで教育を受けた彼は、「ぼくのような人間は、すっかりこの国に対して根無し草になってしまっていて、こんなことはたやすく受け入れられるだろうと勘違いしがちなのですね」と淋しげに笑った。

この事件で意外なことが明るみに出た。

その第一は、この女性デモの背後には、たんに車の運転を認めてもらうだけではなく、湾岸戦争の非常時に乗じて、この国を「自由で」「政教分離の世俗的な」社会に転換させる社会革命の発端にしようという意図があり、これに賛同するリベラル派の大学教授などの有識者が少なからずいたこと、王族のなかにもこれを蔭で支援していた人たちがいたこと。

第二は、それとは反対に、イスラームの伝統を守ることに強く執着する人たちも大勢いて、イスラーム教徒の二大聖地メッカとメディナの守護者であり、国家元首と信徒の長を兼ねる国王を代表者とする王族が、近代化という名目でイスラームにあるまじき政策をとり、体制側に腐敗や縁故主義をはびこらせていることに激しい怒りを感じ、何かきっかけがあればその気持ちを爆発させかねない状況にあったこと。

第三は、今回、宗教学者たちを味方につけたイスラーム原理主義的志向をもつ一般市民の圧力で、デモ参加者に対して当局が一旦決めた措置を撤回させることができたことである。

選挙権もなく、集会の自由も、言論の自由もない専制的支配下にあるサウジ国民にとって、大衆的な抗議行動によって体制側を揺すぶり、その弱さを露呈させることができたのは予想外の収穫だった。

これをきっかけにさまざまな運動が活発になった。

リベラル派は戦術を変えて、女性の車の運転などという副次的なことではなく、立憲制度の導入、司法の独立、報道の自由などを求めるようになった。

これに対して、保守派エリートとされるイスラーム法学者や裁判官、大学教授、学生らが、イラン・イスラーム革命のホメイニー師に倣って、サウード王家の腐敗・堕落・縁故主義ばかりでなく、石油開発と近代化の過程で王家が、それらを助長したアメリカと同盟関係を結び、国防をその軍隊に依存していることなどを激しく非難するカセット・テープ「スーパーガン」を配って人々に訴える一方、国の指導者の政治姿勢がイスラーム法に則ったものであるかどうか、本来、監視する役割であるはずの「最高宗教学者会議」(メンバー十九人)が王家の不行跡を見逃してきたと突き上げた。

宗教学者たちも黙ってはいなかった。サウジ全土をひそかに回って、国家の支配と規定がイスラーム法に適合しているかどうかを監視する機関設置の請願状に、四百人以上の宗教家の署名を集めてファハド国王に提出した。

リベラル派・保守派の双方から突き上げられた国王は、一九九三年十二月、ようやく民主国の議会に相当する諮問評議会を発足させたが、評議会のメンバーは国王の任命であるばかりか、あくまでも諮問機関であって、立法権も監査権もなかった。おまけに、政府側は急進的な原理主義者たちを徹底的に弾圧して分断を図った。

イスラーム原理主義運動は仕方なく国外に拠点を移し、インターネットを使って世界のイスラーム教徒のあいだにじわじわとネットワークを作りだした。「純粋なイスラーム国家に復帰することによってのみ、王族の腐敗や政府高官の縁故主義を根絶できるし、石油の富をもっと広範囲に国民のために分配でき、メッカとメディナの守護者にふさわしい政府を作り上げることができる」という主張に共鳴した若者は多かったに違いない。

二十歳以下の国民が人口の六〇パーセントを占め、失業率が急上昇していたことも追い風になったであろう。その後のイスラーム原理主義を掲げるテロリストのしばしば常軌を逸した行為は、発起人たちの真の意図とは異なる展開であったかもしれないが、同じベクトルの延長線上に咲いた徒花《あだばな》のように見える。

「車の運転を認めてほしい」という女性のささやかな権利の実現は、デモ事件の意外な展開によって遠のいてしまったように見えた。だが、この事件をきっかけに、イスラーム世界の女性たちにも、じわじわと変化が起こりだした。

サウジアラビアだけでなく、一九九〇年代のイスラーム国のあちこちで、伝統ある大学の法学部で女子学生が半数を超えたところが多くなった。彼女たちは、何がイスラームの普遍的な教えで、何が時代や地域特有の風習であるかを学問的に研究し、イスラーム聖法をそれぞれの置かれた状況に照らし合わせて解釈する必要を切実に感じるようになったのだ。

イスラーム聖法の解釈について「法的見解《ファトワ》」を出す「最高宗教学者会議」や裁判官は、これまでほとんど男性の独壇場だった。世の中は刻々変化しているのに、女性にとって不都合な社会規範が長いあいだ再検討されずに保持されているのはおかしいと彼女たちは感じた。

現在のイスラーム女性の社会進出状況や行動規範はもちろん、国によって一様ではない。だが、総じてイスラームの女性は「つつしみ」を大切にし、女の一番大事な仕事は家庭を守り、子供たちを育てることだと信じている人が多い。でも、それをまっとうさせるために、女性にブルカの着用を義務付けたり、教育や就業を禁止したり、単独の外出や旅行、車の運転を禁じたりするのはおかしいと彼女たちは思っている。

「女性は魔物で、自由を与えたら手に負えなくなる」というのは、男性の「大いなる誤解」なのか、それとも「永遠の真実」なのか、アダムとイヴの時代から人の世のことは何もかもご存知という神《アッラー》なら、どうお答えになるのだろうか？　男性優位主義《メール・ショーヴィニズム》がまかり通ってきた社会で、たくましく、したたかに生きてきた中東・イスラーム世界の女性たちを、シバの女王から現代サウジのプリンセスまでの今昔物語を通して眺めてみたい。

第1章

シバの女王の系譜

砂漠の女王ゼノビアが支配していたパルミラ

世界で八番目の不思議？

栄華と知恵を誇るエルサレムのソロモン王と富と知識を競ったという伝説のある「シバの女王」が、近年また脚光を浴びている。かつてシバ国の首都があったイエメン北部の古代都市マーリブ近郊で、紀元前十世紀の「シバの女王」にゆかりがあると推定される「月神殿《アッワーム》」の遺跡の発掘が再開されたのだ。

イエメン北部の都市サヌアーの東百六十五キロメートルほどのところにあるこのあたりは、高度二千メートル以上の高原地帯で、比較的降雨に恵まれ、早くから乳香、没薬《もつやく》、その他の香料の特産地として知られていた。山を下れば、アフリカ大陸の紅海沿岸部ではもっともアラビア半島と接近しているマンデブ海峡に近い港もある。海路を通じて東はインド、南はアフリカ大陸と結ばれ、紅海と平行して走る陸路はエジプト、パレスチナ、シリアにまで通じていた。こうした交通の要衝にあった住民は、紀元前十世紀頃から中継貿易に活躍し、神殿や裕福な家庭で使われる貴重な香料や、黄金、さまざまな宝石などの交易でたいそう栄え、国家の原型となるようないくつかの王朝も形成されていたらしい。

その一つ、シバ王国の原型は紀元前十世紀以前にすでに存在していたことは確かだといわれる。その後の繁栄ぶりは、巨石を巧みに積み上げて涸れ川《ワディ》を堰き止めた、幅五百メートルもある立派な灌漑用のダムの遺跡からもしのばれる。

人々は信仰心が厚く、男神である月神と、女神である太陽神、その息子である明星を最高神として祀っていた。とりわけ壮麗なマーリブ市外の「月神殿《アッワーム》」は近隣諸国からの巡礼地にもなっていた。ここは別名「マフラム・ビルキース（女王の聖殿）」と呼ばれていて、「女王《ビルキース》」と言えば、もちろん「シバの女王」を意味することから、「月神殿」の発掘再開は、古代アラビア伝承を検証する重要な手がかりを与えてくれるかもしれないのである。

「シバの女王」をめぐる逸話は、『旧約聖書』の「列王記」や「歴代誌」、『コーラン』にも記述があるが、古代碑文などから推測して、伝説が事実である可能性を最初に報告したのは、十八世紀にこの地に探検にやってきて、たった一人生還したデンマークの探検隊員カルステン＝ニーブールだった。彼はマーリブ・ダムのあった場所も訪れ、その近くの廃墟がシバの女王の宮殿跡だと想定されると旅行記に書いている。

その後、さらなる碑文の収集などに訪れた人は何人かいたが、「月神殿」こと「マフラム・ビルキース」の実際の発掘が始まったのは一九五一年、アメリカの「人間研究財団」が支援する調査隊によるものだった。ところが、とりかかってまもなく政情不穏になり、調査隊は国外退去を余儀なくされたため、女王との関連を表わす資料の発見にはいたらなかった。

本格的な発掘は、カナダのカルガリー大学考古学教授ビル・グランズマン隊長の指導のもとに、一九九八年に再開された。発掘隊がやってきたとき、神殿入り口にある高さ十五メートルの八本の石灰岩の柱は半分、砂漠の砂に埋もれたままだったという。列柱に囲まれた広場のある至聖所の後方には古代碑文がぎっしりと彫り込まれた厚さ三・五メートルの壁が、短径七十メートル、長径九十メートルあまりの楕円形に張り巡らされていることがわかっていたが、近年、埋蔵油田探査などに使われる最新科学技術を使って地中の調査を行なった結果、現在出土している建造物周辺の地下には膨大な建造物群があるらしいことがわかった。まだ、そのほんの一部が日の目を見たにすぎず、発掘はこれから何年もかかるようだ。

「月神殿」とマーリブ・ダムは、これまでシバ王国が最盛期を迎えた紀元前八世紀頃に建造されたものと見られており、「シバの女王」がソロモンに会いにいった紀元前十世紀とは時代的にずれがあるというのが定説だったが、今回の発掘再開で、もっと古い時代のものがその下に埋もれていることが判明したために、女王伝説の解明ににわかに世界の注目が集まり始めた。

地下埋蔵物があると推定される地帯は一・六キロメートル四方もあるとのことで、まだまだ大部分は砂漠の砂の十メートル以上も下に埋まっている。すでに姿を現わしているさまざまな構築物やダムなどから推測するだけでも、当時としては非常に高度な建築技術を駆使したものであることがわかるが、それ以前の遺跡の全貌があらわになり、「女性の心と男性の頭脳をもって統治した」という伝承のある「シバの女王」との関連が明らかになれば、「世界の八番目の不思議」として、世界中から大勢の観光客が訪れることになりそうだという。

シバの女王とソロモン王の対決

イエメン旧王国が発行した「シバの女王のソロモン王訪問」をテーマにした切手シリーズを見ると、女王は数人が担ぐきらびやかな輿《こし》に乗って港へ下り、そこから帆船で紅海を北上、現在のアカバ湾あたりからエルサレムへはラクダのキャラバンを連ねて荒野を行く光景が描かれている。

他方、訪問を受けたソロモン王の当時の版図は、南はアカバ湾のエイラットから北は現在のレバノン、西はエジプトとの国境から東はユーフラテス川付近まで広がり、海路・陸路を含めた北方の国際交易路の唯一の支配者であったため、政治上・商業上の莫大な利益を享受していた。

加えて非常に豊かな知恵と洞察力、海の砂浜のような広い心を授かり、もっとも知恵ある者として、その名は周りのすべての国々に知れ渡っていた。彼の語った格言は三千、歌は千五百首に達し、樹木について論じれば、レバノン杉から石垣に生える草花にまで及び、獣類、鳥類、爬虫類、魚類についても詳しかったと「列王記」にある。あらゆる国の人たちが、ソロモンの知恵の噂を聞いてやってきて、王の話に耳を傾けたというのは本当だろう。

「シバの女王はソロモンの名声を聞き、難問をもってソロモンを試そうと、きわめて大勢の随員を伴い、香料、多くの金、宝石をラクダに積んでエルサレムに来た」と、「列王記」はソロモン王家の祭司長のような口調で記している。女王が持参したほどのたくさんの香料は、その後、「二度と入ってこなかった」。彼女は「あらかじめ用意してきたすべての質問を浴びせたが、ソロモンはそのすべてに解答を与えた。王にわからない事、答えられない事は何一つなかった」。

「シバの女王」は、ソロモンの知恵と彼の建てた宮殿を目の当たりにし、また食卓の料理、居並ぶ家臣、丁重にもてなす給仕とその装い、献酌官、祭事のときのふんだんな献げ物を見て息を呑み、「お噂は本当でした。でも、自分の目で見るまでは信じていませんでした。聞きしにまさるお知恵と富でございますね」と感嘆した。「あなたをイスラエルの王位につけることをお望みになったあなたの神、主は讃えられますように」との女王の言葉に、すっかり気をよくしたソロモン王は、女王が願うものは何でも望みのままに与えて歓待し、豊かな王者にふさわしい土産をもたせて故郷に返したという。

『コーラン』第二七章「蟻」に登場するソロモンと「シバの女王」の話はもう少しざっくばらんだ。ソロモン王に「シバの女王」のことを知らせたのはヤツガシラという鳥である。

遠征中のソロモンの軍隊が近づいてくるのを知った蟻たちが、「早く自分の家へ入らないと踏み潰されでもしたら一大事」と話しているのを聞いて、動物の言葉がわかると言われる王はにっこりした。「ところで、ヤツガシラが見えないのはどうしたことだ?」、現われないのはおかしい、と言っているところへ、そのヤツガシラが「シバの国から新しい確実な情報を持参いたしました」と登場するところを見ると、伝書鳩のような鳥であったのかもしれない。

その情報によれば、彼の地には唯一神《アッラー》をさし措いて太陽を崇拝している人民と女王がいるという。この女王はたいへんな大金持ちで、燦然たる玉座にすわって民を治めていると聞いたソロモンはさっそく、降服勧告状をヤツガシラにもたせ、それを置いたらすぐに引き返して近くにひそみ、様子を見るようにと命じた。

「シバの女王」は、名高いソロモン王からの書状に驚いて、しきたりどおり、どうしたものかと長老たちに相談した。彼らは、「われわれには武力も勇気もありますが、よくお考えの上、ご命令はあなた様がお出しください」と答える。すると女王は、「王者とは、ずかずかとよその土地に入ってきてこれを破壊し、その邑《まち》の有力者を低い身分に引きずりおろすのが常だから、まず、こちらから使者をやって贈り物を届けさせ、使者がどのような情報を持ち帰るかを待ってみることにしましょう」とひとまず対決を回避した。

シバ国の使者を迎えたソロモン王は、「われわれのほうがずっと豊かなのに、このような贈り物を持ってきて、大きな顔をするとは何ごとじゃ。われわれは必ず、連中が到底太刀打ちできない軍勢を引き連れて攻め寄せ、彼らをシバ国からたたき出してやる」と言って使者を追い返した。

それからソロモン王は臣下の者に向かって、「向こうが降参してくる前に、女王の玉座を奪ってくる者はいないか？」と訊いた。すると、「さっそくとってまいりましょう」と申し出た者がいて、それを実行した。王はたいへん喜んで、奪ってきた玉座をすっかり変形し、女王がきたら、その細工がわかるかどうか、一つ試してみようと考えた。

そういう経緯があったうえで、「シバの女王」はエルサレムへ出かける。一行が到着すると、ソロモンは「あなたの玉座はこんなでしたかな」と質問する。「そうらしゅう思われます」と女王は答えた。ソロモンは内心、そうだとも、そうでないとも言わない女王の賢さに気づくが、自分のほうが知恵者だと思っているから、女王の才覚はこの程度どまりだろうと高をくくる。「さ、館《やかた》のなかにお入りください」と王の声。ふと見渡すと、宮殿の床は一面に水を張った淵のように見えた。女王は思わず裾をたくし上げて、くるぶしをあらわにした。「シバの女王は山羊の脚をもっている」と聞いていたソロモンは、それが本当かどうか調べるために、まるで淵に見えるような、床に水晶を張り詰めた宮殿に案内したのだ。思わずにゅっと現われた女王のくるぶしはなかなかなまめかしく、王は思わずにやりとしたという伝説は、この辺から生まれたのだろう。「水晶を張り詰めた床」と聞いた女王は、ソロモンの知恵に感服し、「主よ、今まではわたしが悪うございました。これからはソロモン王とともに、万有の主アッラーにすべてを捧げます」と言ったという。

エチオピア二千年の伝承

「シバの女王」について一番豊かな伝承を保持しているのは、先に述べたマンデブ海峡の対岸のアフリカ大陸にあるエチオピアである。一九七四年にハイレ・セラシエ皇帝がクーデターによって退位させられるまで、二千年以上の王統を誇るこの王家の起源は「シバの女王」とソロモン王のあいだに生まれた息子であるという民間伝承が、さまざまな形で語り継がれてきた。

民間伝承ばかりでなく、エチオピアの公式文書とみなされる『ケブラ・ナガスト』(王たちの栄光)にも、このことは詳しく述べられている。エチオピア北部にあった古代アクスム王国は、南アラビアのシバ王国から紅海をわたってきた移民によってできたと考えられており、その始祖となる王が「シバの女王」の息子だという。「シバの女王」は、このなかでは「エチオピアの女王マケダ」になっている。筋立ては『旧約聖書』や『コーラン』とほぼ同じだが、息子の誕生について面白いエピソードがある。

ソロモンは、「あのようにすばらしい美女が地の果てから私のもとにやってきたからには、神は私の子孫が彼女から生まれることを許されるであろう」と考えて一策を案じた。そろそろ故郷へ帰ると言い出した女王をお別れの大宴会に招き、コショウと酢をたっぷり入れた料理を振舞ったのは、あとでのどがからからに乾くようにするためであった。夜ふけて宴が終わると、ソロモン王は自分の寝室で寝《やす》むようにと女王を誘った。女王はためらったが、力ずくで彼女の貞操を奪うことのないようにソロモン王に誓わせてから、これを承諾した。ソロモン王はそれに同意し、そのかわり、宮殿にあるものを奪わないことを誓わせた。女王は当たり前のことだと思い、そう誓った。そこで王の寝室に二つのベッドが並べられ、二人は就寝した。女王は少し眠ったが、のどがひどく乾くので目を覚ました。ソロモン王は家来に命じて、部屋の中央に水さしを置かせておいた。女王はこれを見つけてのどを潤した。するとソロモン王は飛び起きて女王の腕をとらえ、「あなたは宮殿のものを何も奪わないという誓いを破った」と言った。女王は、水がほしかっただけだと抗議したが、王は、この世で水ほど貴重なものはないと答えた。女王はこれを認めたので、ソロモン王も約束どおりにことを実行し、それから二人は眠った。

翌朝、ソロモン王は女王に指輪を与え、もし男の子が生まれたら、これをもって私を訪ねてこさせよ、と言ったという。こうして女王は故郷に帰り、生まれた息子メネリークがエチオピア王家の始祖になったとされている。

これがどこまで歴史的事実であるかはわからない。だが、「シバの女王」はその後、この旅行で得た見聞と友好関係を治世に役立てたらしく、シバ国はそれから繁栄の最盛期を迎え、マーリブ・ダムが大洪水で決壊する西暦六世紀頃まで、千年以上も豊かな国であったことが史実により証明されている。

『コーラン』の第三四章「サバア」（シバ国のこと）には、「アッラーはシバの国によい土地を授けてやり、二つの果樹園からふんだんに美味しい果物がとれるようにした」とあるが、これは涸れ川《ワディ》を堰き止めたマーリブ・ダムの遺跡の両岸に水門があり、そこから水を引いた実り豊かな二カ所の耕地があった事実と符合する。それなのにシバ人が神《アッラー》に背いたため、「大洪水をどっと浴びせかけ」たという。また、神《アツラー》は「隊商路のところどころに旅人に便利な中継地を設けてやった。それなのに、後年の子孫たちはそれに感謝するどころか、みながあまり便利に旅ができるようになると、われわれは儲からないと不埒なことを言うので、罰として、彼らを切り刻んで、昔々の物語にしてやった」とある。これはマーリブ・ダムの決壊後、この土地にはろくな植物が育たず、次第に人が住まなくなって廃墟になったことと一致する。

隆盛を極め、聖書によれば王妃七百人、側室三百人と言われたソロモン王のほうはその後、さまざまな外国の女を愛し、その妻たちにほだされて、彼女らが信じる神々を祀る社《やしろ》を築いたため、神は怒って、彼の治世の後半には属国に次々と反旗を翻させ、息子の時代になると、その手から王国を取り上げた。

砂漠の女王ゼノビア

砂漠のど真ん中にこんこんと泉が湧くオアシス――それは人間のいかなる努力も及ばない神の恵みであることが、中東を旅してみるとしみじみわかる。

イスラーム教徒がおよそ人間存在のあらゆる局面において守るべき「聖法」を「シャリーア」と言うが、そのアラビア語の原義は「水場への道」、すなわち砂漠のオアシスへつながる主要道路を意味し、人生の砂漠の中で、その道をたどりさえすれば、永遠の命に通ずることを示唆しているという。

シリア高原の古都ダマスカスを出てその「水場への道」を北東に二百キロメートルあまり、渋紙を地の果てまで広げて、岩屑や干からびたイラクサをばらまいたような、木蔭ひとつない荒涼とした砂漠の旅にうんざりした頃、忽然と現われるオアシスの町「タドモル」。その存在は少なくとも今から四千年前には知られていたという。そこが「パルミラ」と呼ばれるようになったのはギリシア人がくるようになってからで、どちらも「ナツメヤシの茂るところ」という意味だ。

イスラエルのソロモン王は、「荒れ野のタドモルと、ハマト（現在のハマ）地方の補給基地の町をすべて築き上げた」と『旧約聖書』の「歴代誌 下」にある。彼は紀元前十世紀にすでに、パレスチナからパルミラを経て、さらに二百キロ東のユーフラテス川に出る交易ルートの真の値打ちを見抜き、これを整備して自分の王国に役立てた最初の王だったと言われる。

ここには文字通りこんこんと湧き出る「エフカの泉」があった。「エフカ」とは「水の出口」を意味するアラム語で、シリア高原砂漠の臍《へそ》のような部分に地下水脈の一部が露出したものだが、なんとそれは西方のレバノン山脈から死海にかけての火山帯の影響で水温は夏・冬とも摂氏三十三度を保つ硫黄鉱泉なのである。「エフカの泉」の奥には、近くの小高い山に向かって長さ六百メートルの洞窟があり、そのなかの数箇所から水が湧き出ていた。ラクダに乗っての旅は一日せいぜい四十キロだから、ダマスカスや北のハマからでも、東のユーフラテスの川岸からでも、ほぼ四、五日の荒野の旅のあと、動物たちにもたっぷり水を飲ませることができ、温泉に浸って旅の疲れを癒す気分は格別だったであろう。パルミラの遺跡のなかには、石造りの立派な浴場跡が今も残っている。

パルミラの南東には塩田もあった。砂漠を旅していると時々、残雪のような白いものが目に入ることがあるが、それは空気が乾燥しているため降雨量よりも蒸発量のほうが多く、地下の無機塩が毛細管現象によって水分とともに地表に運ばれることによってできるのだという。また、パルミラの周辺には石灰岩の岩脈が走っており、建築用の石材も採取できる。四十キロほど離れた丘陵地帯は放牧に適していて、のちには種馬の飼育場もつくられ、旅人や軍隊は代替用の馬やラクダの調達が可能だった。

ソロモン王の没後も通商路の隊商都市として栄えたパルミラを、西のローマ帝国、東のパルティア王国は何とかして自国の勢力圏に取り込もうと鼻息をうかがっていた。パルミラ人は如才なく振舞って、ペルシア方面から入手したインド、アラビアの産物に高い関税をかけてローマ人に売り、通過客からは通行税を取り立てた。両替商は莫大な利益を得ていた。

西暦一二九年、ローマ皇帝ハドリアヌスがパルミラを訪れて、ここを自由都市とした頃がこの町の繁栄の絶頂期で、町を東西に貫く千六百メートルの大通りの両側には石の円柱が三百七十五本も立ち並び、壮麗な建物が次々と建設された。ギリシア風の神殿や宮殿、彫刻などが市街を飾り、家具調度、服装、髪型などはペルシアの影響をふんだんに受けた多彩な都市《まち》であった。人々も土着人のアラム語の名前と、ギリシア風の名前と二つ持っていたことが知られている。

　だが、三世紀になると東方の形勢が変わった。パルティア王国が滅び、ササン朝ペルシア帝国がこれに代わってローマの東方支配の脅威になり始めたのである。他方、ローマ帝国は属州支配の力が弱くなっていた。これに乗じて、パルミラでは西暦二五一年頃、隊商貿易によって財産をつくり、政治力を掌中にしていた土着人が独立の政権を樹立した。その初代の国王がウダイナ、ギリシア名「オデナトス」だった。血統はアラブ人だったらしい。その妻バトザッパイが、のちの女王「ゼノビア」である。

　ゼノビアはパルミラ近くの荒野に住む遊牧アラブ人首長の娘だったが、洗練された都会的なパルミラにあこがれて、この町で暮らすようになった。結婚の経緯《いきさつ》は明らかではないが、ともに再婚でそれぞれ連れ子がいた。その後、二人のあいだにあらたに二人の息子が生まれた。

　そのころ、勢いを増したササン朝ペルシアのシャープール一世がシリアのアンティオキアにまで遠征してきたのを見て、ローマ皇帝ヴァレリアヌスは東方領土の危機を察し、みずから討伐にやってくるが、エデッサ付近でペルシア軍に捕らえられて捕虜になる。オデナトスと妻ゼノビアは、勝ち誇ったペルシア軍が本国に引き揚げてゆく途中を襲って打ち破り、勢いに乗じて、今のバグダードの南東約三十キロにあったササン朝の冬季の都クテシフォンまで攻め込んだ。この功労に対して、オデナトスはローマ皇帝から「インペラトール」(大将軍)、「レクス」(王) など、数々の栄誉ある称号を受けた。彼はペルシア風に「諸王の王」とも名乗って、それから約七年、東方総督としてペルシアににらみをきかせた。

ところが、二六七年、オデナトスは先妻との間の息子とともに甥のマエオニウスに暗殺されてしまう。オデナトスの早世した兄の息子だったマエオニウスは、「世が世なら自分が当主になっていたものを」という欲求不満から二人を殺したと言われる。マエオニウスはこうして一時統治権を握るが、まもなく部下の兵士によって殺害された。そこでゼノビアはまだ幼いわが子を王位に就け、自分は摂政として実権を握り、王国の采配を振るようになった。

彼女は聡明で常に堂々と振る舞い、男勝りの政治的手腕を発揮した。物事の処理にあたっては細心で大胆、臣下に対しては必要とあれば専制君主のように厳しいが、寛大で慈悲深い心を見せることもあったと言われる。だが、夫の死後、自分が政権をとるまでの措置が極めて迅速果敢だったため、ゼノビアがマエオニウスをそそのかして夫と義理の息子を暗殺させたあと、マエオニウスが放蕩者だったことを理由に、今度は家臣と謀ってこの男を厄介払いしたという毒婦説が広がった。権力の座についてからの彼女はいっそう美しさを増し、自分はエジプトの女王クレオパトラの子孫であると自ら誇称するなど、自己顕示欲の強いところがあったことから、そうした臆説が生まれたのかもしれない。

ローマ帝国と戦う

当時の歴史家によれば、ゼノビアの力量は「男性二人分以上」、性格は「向こう見ず」、声は

「男のようによく通り、大軍にすみやかに号令をかけることができた」。身体強健で、「馬もラクダも巧みに乗りこなすが、兵士といっしょに五、六キロを徒歩で行軍することも平気だった」。酒は「男なみに飲むが、酔わない」。顔は日焼けして浅黒く、黒い瞳の眼光は鋭かった。歯は真珠のように白く、容貌はまれに見る美しさで気品があったが、艶聞はなかった。

女王ゼノビアの統治下のパルミラは華やいだ。夫オデナトスがアラブ風の荒削りで勇猛な砂漠の闘士であったのに対し、ゼノビアはペルシア式の豪華絢爛の宮廷生活を好み、たびたびパルミラの将軍や高官、ペルシア人、アルメニア人の有力者などを招いて盛大な宴会を開いた。言葉はアラム語の方言であるパルミラ語のほかに、ラテン語、エジプト語にも通じ、知的関心も高く、新プラトン派の哲学者ロンギノスを家庭教師としてギリシア語とギリシア・ローマの歴史や文化を学び、のちに彼を宰相にした。彼女はキリスト教神学にも強い関心を持っていたし、ユダヤ人からは「ラビの保護者」と呼ばれるほどだった。

その頃、ローマ帝国は北方ゲルマン民族の圧迫を受けるなかで軍隊の綱紀が緩み、政治は乱れて国民生活は苦しくなっていた。ゼノビアはその隙につけこんでペルシアとひそかに同盟を結んでおいて、七万の軍隊をエジプトに派遣した。エジプトはクレオパトラの滅亡以来、ローマ帝国の穀倉であり、紅海を通じてアラビア、インドと結ぶ南海貿易の中心地だった。ゼノビアはそれまでの交易で関係のあった地元の有力者の協力を得て、二六九年にアレクサンドリアを占領し、さらに支配圏をナイル川から小アジア（今のトルコ）の高原にまで広げた。

ゼノビアの野心はそれにとどまらなかった。支配下に入れた土地にさっそく息子や自分の名前入りの里程標を建て、ローマ皇帝と並んでではなく、彼女単独の肖像を打ち出した貨幣まで鋳造した。ローマ帝国に忠実だった夫とは打って変わって、夫の死後わずか五年で、ゼノビアは自ら公然と独立を宣言したのである。

これは当然ローマの警戒心を一気に掻き立てた。ローマ帝国にとって、強力で完全に独立したパルミラ王国などというものは、領土拡張に余念のない大国ペルシアと同じくらい険悪な存在である。ローマ皇帝アウレリアヌスは即位後、一時ゼノビアと和解したが、帝国の秩序を回復すると、二七二年はじめ、精鋭部隊を率いてパルミラ征伐にとりかかった。ゼノビア軍はついに全長十二キロの城壁に囲まれたパルミラまで後退して籠城し、最後の抵抗を試みた。

五カ月に及ぶ抵抗に手を焼いたアウレリアヌスは、城中のゼノビアに次のような書簡を送った。

ローマ皇帝であり東方諸国の再建者であるアウレリアヌスよりゼノビアならびに彼女と軍事同盟を結ぶすべての人々へ

あなたがたは余が前回の書状で命じたことを実行するべきだった。あなたがたが降伏するならば生命は保証する。ゼノビア殿、あなたはあなたの家族とともに、私が元老院の助言に従って指定する場所に住むことができる。あなたの所持する宝石、金銀、絹の衣服、馬、ラクダをローマの国庫に引き渡さなければならない。だが、パルミラの住民の地元における諸権利は保持させる。

ゼノビアは、まだ皇帝を威嚇することができると想定したのか、この書状に傲岸不遜な返事をよこした。

東方諸国の女王ゼノビアよりアウレリアヌス・アウグストスへ
あなた以外にだれ一人としてこのようなことを私に要求してきた人はおりません。戦時に耳を傾けるべきは勇気のみ。降伏せよと言われるが、女王クレオパトラはどのような高い地位で生き長らえるよりも死を選んだことをご存じないのではありませんか。ペルシア人はわれわれを見捨てておりませんので、援軍を待ちます。アラブ人もアルメニア人もわれわれの味方です。シリアの山賊どもがローマ軍を敗北させたこともあったではありませんか。アウレリアヌス殿、四方八方からわが援軍が馳せ参じたときにはいかがなさるおつもりですか？　あなたはすでに勝利者であるかのように私に降伏を迫っておられるが、早晩、平身低頭せざるをえなくなりましょう。

この返事を読んだアウレリアヌスは激怒して、ただちに軍隊を四方八方に配し、援軍の到来を断固阻止した。ゼノビアは夜陰に乗じてラクダで城中から脱出し、ペルシアに救援を求めようと、二百キロ先のユーフラテス河畔で船に乗り、岸を離れたばかりのところを、追跡してきたローマ軍の騎兵隊に捕らえられ、アウレリアヌスの前に連行された。

女王を失ったパルミラは降伏のしるしに城壁からオリーブの枝を差し出した。アウレリアヌスは包囲を解き、一部の高官を除いて全住民を解放した。それからわずかの戦利品を携え、ゼノビアとパルミラの高官たちを引き連れてエメサ（現在のホムス）に引き揚げ、ここで裁判を行なって何人かを処刑した。

諸説ある女王の最期

ゼノビアにはその人となりを汚した行為が一つあった。彼女は自分の採った方針の責任をすべて他人に転嫁した。とくにアウレリアヌスをあれほど激怒させた横柄な書状を、ゼノビアの〝家庭教師〟と言われた宰相ロンギノスの助言によるものとしたのだ。ロンギノスは無実の罪を着せられたと激昂する周囲の人々をなだめ、ソクラテスのように従容として刑に服したという。兵士たちはゼノビアも処刑するべきだと騒いだが、アウレリアヌスは女性を死刑にするのはしのびないと考えて、女王をローマに連行し、自分の勝利を飾る花にした。

ゼノビアの最期については諸説がある。アウレリアヌスのローマ凱旋の記録によれば、ゼノビアはきらびやかな宝石を身につけ、護衛官が手を貸さなければならないほど重い黄金の鎖につながれて、彼女がローマに覇者として入城するときのために造らせておいたという豪奢な戦車の前を素足で歩かされた。その後、傷心の彼女は自ら食を断って死んだとも、あるいはローマ市東方のティヴォリに別荘を与えられ、息子たちとともにローマの貴婦人として余生を送ったとも言われる。これだけ名の知れた女王が自死したのなら、クレオパトラのように目撃証人の記録が残っていてもよさそうだが、何もないとすれば、物見高いローマ人にも忘れられるほど長生きして、ひっそり死んだのかもしれない。

ゼノビア以後のパルミラは、政治的にも、通商面でも主役を演ずることはなくなった。その没落は、それより半世紀も前にティグリス・ユーフラテス川の河口域にあったパルミラの出張所とも言うべき有力な交易場をもつ小王国が、ササン朝ペルシアに滅ぼされてしまったことに始まっていたと見る人もいる。パルミラがローマ帝国と組み、そのローマ帝国がササン朝ペルシアと敵対している限り、パルミラは東側の交易路からの収益が減る。王国の繁栄を維持するためには北へ南へと領土を拡大するしかなかった。この拡大政策がローマの敵意を掻き立てた。だが、女王ゼノビアの野心と果敢さがパルミラの没落を加速した可能性は否定できない。

パルミラはその後、ローマ帝国の東の辺境の軍事拠点としていくらかは役立った。イスラーム教徒の時代になると、西方世界とのつながりは無論断ち切られるが、何世紀にもわたって一応の繁栄は見られたものの、紀元一四〇〇年頃から、おそらく陸路のキャラバン交易が廃れるにつれて衰え始め、廃墟になってしまった。

パルミラの遺跡に立ち並ぶたくさんの円柱はみな、人の背丈くらいから下方に無数の傷があり、心なしか少々よじれて細くなっているかのように見える。ガイドの話によれば、毎年春先に続く激しい砂嵐が巻き上げる小石が列柱を傷つけるのだという。二千年近い歳月の傷跡をこれほど鮮やかに物語る光景はない。

『コーラン』には遺跡について触れているところが何箇所かある。「方々旅して歩いてみよ。罪つくりどもの惨めな末路を眺めてみよ」、「裕福な暮らしでいい気になりすぎた邑《まち》をいくつ滅ぼしてやったことか。見よ、あれがその人々の住居《すみか》」、「都の遺跡は今なおそのままに道のほとりに残っておる」と神《アッラー》のお裁きはきびしい。

「知恵の花園と粋の庭」の案内人シャハラザード

初夜のあとで殺される――そう知りながら嫁ぐ女性にどんな魂胆があったのだろうか？　相手は心気症気味のペルシアの王様である。その原因は王の女性不信にあった。それまで二十年も申し分なく民を治めてきた王に思いがけない出来事があったからである。

あるとき、王は久しぶりに弟を招いた。サマルカンドの領主である弟は喜んで応じた。ところが、やってきた弟は食も進まず、顔色も青ざめている。原因をたずねても口をつぐんだままだった。長旅の疲れだろうと兄は思い、「ゆっくり静養するように」と言って一人で狩猟に出かけた。

何日かして帰ってきてみると、弟はすっかり元気になっていたので、そのわけを訊いた。すると彼は兄の留守中、はからずもその妻が白昼、庭園で黒人奴隷と抱き合って戯れているのを見てしまったのだが、実は自分も、こちらへ旅立つ折、途中で土産物を忘れたことに気づいて宮殿に引き返して見ると、妻が黒人奴隷と不義の快楽にふけっていた。ただちに両者を成敗して出てきたものの心は晴れなかった。しかし、そういう経験は自分だけではないと知って、胸中の嫉妬や悩みや悲しみがほぐれたのだという。

兄は、ためしにもう一度狩猟に出かけたふりをして、途中から変装して城に戻り、弟の滞在する宮殿に身を隠して庭園を注視していると、聞いていたとおりの光景が繰り広げられた。二人は世をはかなみ、兄弟そろって庶民になりすまして気晴らしの旅に出かけた。

ある日、湖のそばで一休みしていると、水中から巨大な魔物《イフリート》が、櫃《ひつ》を頭上にのせて出てきたので、二人は近くの木の上に隠れた。魔物は木の下に座ると、櫃の中から美女を取り出し、その膝を枕に眠ってしまった。

美女は木の上の兄弟を見つけて、降りてくるように合図し、「私を激しく一突きしてくださいな」と言い寄り、自分の言うとおりにしないと魔物を起こしてあなた方を殺させると脅した。兄弟はやむを得ず、美女の情欲を満たしてやると、女は同じように魔物の目を盗んで密通した男たちの指輪印章を連ねた首輪を見せ、「だんな様方のご印章もください」とねだった。なんとその数は五百七十もあった。

女の話によれば、婚礼の夜にこの魔物にさらわれたのだという。魔物は彼女を櫃に入れ、七つの鍵を下ろして海の底に沈めたのだが、「女というものは、こうしてやろうと思い込んだら、どんなものにも引き止められないことを知らないのね。『おなごは信用しちゃならぬ、その約束もあてになさるな。その愛嬌も不機嫌も、みな隠し場所のなすところ。愛情を示すも、ただのうわべだけ、嘘で綴ったその着物』と詩人も詠《うた》っているではありませんか」と言うのだった。

二人はあっけにとられ、王は気が触れたようになって、宮殿に帰ると妃の首を刎《は》ねた。それ以来、新妻を娶るごとに、一夜をともにしたあと殺してしまった。それが三年も続いたので、若い女性はみな都から逃げ出した。もはや、新しい妃を差し出せなくなったこの国の大臣は、王の怒りに触れて自分や家族の身も危なくなると憂いに沈んだ。

「では、この私を嫁がせてくださいませ。ひょっとすれば命をつなぐことができるかもしれません」と申し出たのが、この大臣の娘で才色兼備のシャハラザードだった。彼女はすでにいろいろな書物・年代記・昔の諸王の伝記・過去の諸民族の物語などを読んでおり、集めた史書、詩集類は千点を超えていた。まだ、紙も印刷術もない時代に、これだけ集めて読みこなすとは、財力も暇もある大臣の娘とはいえ、見上げたものである。

父はしかし、娘の身に危険が及ぶことを恐れて思いとどまらせようとしたが、娘はきかない。シャハラザードは嫁ぐ前に妹と打ち合わせて、あとで迎えの人を出すから、そうしたらきて、頃合を見計らって、「お姉さま、何かめずらしいお話をしてくださいませ。そうすれば眠れない夜長も短くなるでございましょう」と水を向けるようにと言い含めておいた。

段取りどおりにやってきた妹が面白い話をねだると、姉は「この教養高くいらせられます王様がお許しくださいますなら、喜んでいたしますわ」と答えた。王は自分もすぐには寝つかれそうもなかったので、物語が聞けるのを喜んで許しを与えた。シャハラザードは「商人と魔王《ジンニー》の物語」というのを話し始めるが、話が佳境に入った頃、朝の光が射してくるのを見ると、つつましく口をつぐんだ。

王は、話の続きを知りたいために、この新妻を殺すことを一日延期することにした。次の夜も、妹の催促でシャハラザードは話の続きをするが、また夜明けになると中断する。王はますます興味津々になり、物語の続きを聞きたい一心で、もう一日、殺さないでおく。こうして一夜また一夜と物語は次々と尽きることなく、ついに千一夜が過ぎた。そのとき、王とシャハラザードのあいだにはすでに子宝が授かっていた。さすがの王もそれを知って心機一転、女性に対する不信感もすっかり和らいで、この賢い妃と平安な余生を送った。

『千一夜物語』はこういう枠組設定のもとに、さまざまな説話がはめ込まれているのであるが、起源はインドあたりで、それがまずペルシア人のあいだに伝わり、それからアラブ人に広まって今のような形になったと言われる。物語の背景になる時代は数世紀にわたり、舞台となる場所もアラビア半島からエジプト、パレスチナ、メソポタミア、イラン、インド、シナなど広範囲に及んでいるので、書き手も複数おり、千年くらいにわたって何度も補足・改訂・編集を重ねて今日にいたっているらしい。

王様もシャハラザードも、もちろん、架空の人物であるが、モデルがあったとされる。モデルはだれだったかについてもたくさんの研究があり、「千一夜物語起源説」と合わせると、図書館ができるくらいだという。

物語の語り手である大臣の娘シャハラザードという名前にさえ諸説がある。現在では「シャハラザード」(「高貴な都市」の意)、あるいは「シェヘラザーデ」が通りがよいが、古い稿本では「シーラーザード」(「高貴な獅子」の意)となっている。女性に対して狂気じみた復讐心を抱いた恐ろしい人物のもとに、自分から進んで赴き、よく間一髪のあいだに死をまぬかれたのみでなく、ついには相手の心を和らげてしまう経緯を読むと、「高貴な獅子《シーラーザード》」のほうがぴったりのような感じがする。

「色異なる六人の乙女の物語」

それはともかく、こうした物語を育て、愛し、愉しんできたのは中世イスラーム世界の爛熟した文化をもつ人々だった。登場人物も多彩である。実在の人物もいれば、街頭を行き交う無名の男女、架空の人物もいる。妖精《ジン》や魔物《イフリート》、食人鬼《グール》も登場する。善玉あり悪玉あり、したたか者も欲張りもペテン師も現われる。女性も純情可憐型から貞女、姦婦、女傑、才女、男勝り、いかさま師……とさまざま、容貌、女心の機微まで実に鮮やかに描かれている。

その一例を挙げよう。「色異なる六人の乙女の物語」のあらましはこうだ。

時代は九世紀はじめ、アッバース朝の第七代カリフ・マームーンの宮殿に、大臣や貴族、重臣、詩人や才子が集まり、宴たけなわになったとき、カリフが親しい友人に「何か面白い話はないか」と言葉をかける。

するとその男は、最近、この都バグダードにイエメンから移り住んだ知人の話を披露した。このイエメン人はバグダードがすっかり気に入り、故郷から家財道具とともに、美しい六人の女奴隷からなる妻妾たちを呼び寄せた。

六人の女性のうち、第一は色白、第二は栗色、第三はふくよか、第四は痩せぎす、第五は琥珀色、第六は黒人だった。六人はいずれも文芸の嗜《たしな》みがあり、舞踊と管絃の道に秀でていた。呼び名は色白女が「月の顔《かんばせ》」、栗色女が「熾火《おきび》の焔《ほのお》」、ふくよかなのは「満月」、痩せぎすは「天国の美姫《フーリー》」、琥珀色のは「昼の太陽」、黒人は「眼の瞳《ひとみ》」とまるで源氏名のようだ。

一同がバグダードにそろうと、さっそくいっしょに飲み、語り、歌って愉しくひと時を過ごそうと宴が開かれた。主人はすっかりいい気持ちになって杯を重ね、一人一人に歌と琵琶《ウード》の演奏を求めた。それぞれが思いをこめた自作の詩をみごとな声と妙なる調べで演じ終わるたびに、主人は杯を唇で湿してから、それを演者に渡してやった。

これがすむと、女性たちはいっせいに立ち上がり、どの女の詩と声が一番お気に召したか、ぜひうかがわせていただきたい、と言った。主人はほとほと困ったが、「どの女性も好きなので、だれが一番とは言えない。だが、あなた方はみな同じように、『コーラン』の読誦と文芸に通じており、古人の列伝や父祖の歴史にも詳しい。雄弁とすぐれた話術を授けられてもいる。そこで一つ、あなた方同士でコンテストをしたらどうか。それぞれ自分でふさわしいと思う賛辞で、自分の美点長所を吹聴し、相手の容色をけなしてみせてもらいたい。たとえば、肌の色なり姿なりが違う二人の相手同士で、合戦をはじめてもらおう。ただし、たがいに、美辞、金言、賢人学者の引証、よく知られた詩句、または『コーラン』からの言葉以外で相手をやっつけてはいけない」と提案した。

するとと女性たちは、「月の顔《かんばせ》」対「眼の瞳《ひとみ》」、「天国の美姫《フーリー》」対「満月」、「昼の太陽」対「熾《おき》火《び》の焔《ほのお》」が組になって、博識と機知とユーモアを織り交ぜ、丁々発止と合戦を繰り広げた。そのやり取りは実に傑作で、そらんじておいて宴会の余興などでやれば、大受けすること必定なので、関心のある方は『千一夜物語』の第三三一〜三三八夜を読んでいただきたい。主人はしまいには身をよじって面白がり、後ろにひっくり返るほど大笑いした。そのあとで、みんなの話を聞いて実に愉快であったと、一同に平等に、美しい衣服と宝石を贈った。

「これがイエメンからきた知人と、バグダードにきて仲むつまじく暮らし続けている六人の美女の話でございます」と友人は話を結んだ。

カリフ・マームーンはひどく感動して、そのすばらしい女奴隷たちをそっくり譲ってもらえないか、訊いてみてほしいとその友人に頼んだ。一人一万ディナール、総額六万ディナール出すという。イエメン人はたいそう気に入っていた女たちを手放しかねたが、カリフの所望では致し方ないと、女たちを譲った。カリフは女性たちの個性、優雅な物腰と教養、とりどりの色香にすっかり心を奪われ、後宮《ハレム》に特別の場所を与えた。

妻妾を差し出してしまったイエメン人は、次第にさびしさがつのり、カリフの言いなりになったことを後悔した。しまいには我慢できなくなって、

「わが魂より隔たれし美女らのもとに、わが絶望の挨拶の届けかし……おお、せつなきかな、せつなきかな。彼女らの眼差しの矢に傷つき倒れるよりは、生まれてこなかったほうがよかったものを」

という詩句を添えた憂いの手紙をカリフに送った。

それを読んだカリフは哀れに思い、さっそく六人の美女を呼び出して、めいめいに一万ディナールとすばらしい衣服、その他のみごとな土産を持たせて、元の主人のところに返した。イエメン人は女性たちがこれまでよりいっそう美しく、いっそう豊かに、いっそう仕合せになって自分のところに帰ってきたのを見て、涙を流さんばかりに喜び、生涯の最後の日までこの女性たちと豊かな楽しい人生を送った。

これらはみな、一夫多妻制や奴隷の売買は普通だった時代のイスラーム世界の話である。有名な「アリババと四十人の盗賊」の話の中でも、盗賊の宝物蔵に出かけた兄のカシムが秘密の扉を開ける合言葉を忘れてしまってもたもたしているうちに、戻ってきた盗賊に殺されてしま

うが、アリババはその未亡人と結婚してやり、自分の妻と嫂《あによめ》といっしょに暮らしてゆく。一夫多妻は身近に未亡人が出た場合、生活の面倒を見たり、用心棒代わりをしたりするのに好都合な風習で、決して男の身勝手のせいばかりではなかったようだ。

奴隷たちも、けちで非情な主人に買われて、みじめで屈辱的な一生を終わった人たちもたくさんいたに違いないが、容姿や能力にすぐれた資質を持つ者は王室や貴族、富裕な商人階級などに買われ、技芸や教養を身につけて王妃になった者もいれば、前述の物語のように、おそらく自分の生まれた境遇以上の幸運に恵まれた者もいたであろう。軍司令官や宰相になった男性もいる。アリババ家の女奴隷は、子分を油壺に隠して仕返しにやってきた盗賊の親方の計略を鋭く見抜いて、中庭で待機していた子分たちを調理用の煮立った油をかけて殺し、取って返すと宴のさなかですばらしい舞を披露して客の親方をいい気分にさせておいて、ぐさりと短刀で刺し、主人の窮地を救った。その機転に感服したアリババはこの女を息子の嫁にした。

イスラーム世界では不倫は死罪で、不義を疑われただけで成敗を受けても文句は言えなかったらしい。それゆえ、詮索好きな人々に噂を立てられたり、あらぬ罪を擦《なす》りつけられたりする話は『千一夜物語』にもたくさん出てくる。女のほうが好色で、男の袖を引いておいて見つかりそうになると、男に悪戯されそうになったと言い抜ける話は、『旧約聖書』にも『コーラン』にもあり、エジプトに奴隷として売られたヤコブの息子のヨセフが主人の奥方にしきりに誘惑される場面がある。

だが、『コーラン』の一二章「ユースフ」にあるように、神《アッラー》は早耳で、あらゆることをご存知だから、決して不実な人間のたくらみをお助けにはならず、意外などんでん返しを用意されているかもしれない。

第2章

イスラーム伝承に見る女性に関する五つの書

伝統的衣裳をまとったイスラームの女性たち（AP/WWP）

ムハンマドの言行録『ハディース』

イスラーム教には、その始祖である預言者ムハンマドが七世紀前半に受けたとされる啓示、つまり神の言葉の集合体である『コーラン』と、ムハンマドが人間として語った言葉、および実際の行為を記録した『ハディース』（イスラーム伝承集成）の二つの聖典がある。

後者は、いわばムハンマドの言行録で、その内容は、信仰、儀礼、戒律などの宗教に関する事柄だけではなく、この世における人間相互の日常に関するすべてのこと、たとえば、契約、商業取引、結婚、離婚、扶養、相続、刑罰、病人の治療、人頭税、聖戦……さらには飲食、服装にまで及んでいる。

形式的には、人間生活の公私両面にわたって預言者ムハンマドが言ったこと、行なったことを、一種の逸話集のような形で記録したものだが、ムハンマドの死後、はじめは口伝として伝えられていたのを、のちに学者たちが編纂したものである。それらは、信仰の書、礼拝の書、契約の条件、婚姻の書……というふうに項目別に分類され、『コーラン』のどの部分で触れているか、のちにそのことについてムハンマドがどう語ったか、実際にどんな行動で示したかが記されている。

ここでは、『ハディース　イスラーム伝承集成　1〜6』（牧野信也訳、中公文庫）のなかから、とくに女性に関係の深い五つの書を参照しながら、それが当初はどのような背景のもとに語られたか、当時の社会的背景の中で、それらが人間生活の秩序付けにどれほど画期的な役割を果たしたかを簡単に記しておこう（引き合いに出した『コーラン』の語句は井筒俊彦訳、（　）内の註は井筒氏が補足したもの。傍点は筆者）。

月経の書

女性の月のものはそもそもどうしてはじまったかについて、預言者ムハンマドは「これはアッラーがアーダムの娘たち（すべての女たち）に対して定めたことである」と答えている。それまでは、神がはじめて月経を与えたのはユダヤの民に対してである、という人たちもいた。月経中の女性は「身が穢れている」という考え方があったために、期間中の女性に対して、礼拝をするな、断食をするな、巡礼を止めよ、男に近づくななど、さまざまなタブーがあったらしい。それについて訊ねられた預言者は、「あれは一種の病であるから、清浄の身にもどるまでは決してそのような女には近づいてはならない」と言っているが、それは基本原則であって、人によって期間の長短、症状の軽重があり、また、流産や産後の下物《おりもの》と混同される可能性もあるので、臨機応変でよいとしている。

ただし、月経中の女性との性行為をつつしむようにするために、女性にいつもとは別の「イザール」（身体にまとうもの）をつけるように命じ、それによって女性が月経中であることを知って、いたわり、ただ愛撫し合うだけで性交をつつしむ目じるしにさせた。

現在のように女性の生理用品などなく、出血で汚れた衣類をすぐに着替えたり、洗濯したりすることもままならない時代だったから、床や地面に経血が垂れたりすることも多かったと見え、その洗浄の仕方、汚す可能性のある場合に出入りしないほうがよい場所についても助言がある。

水の乏しい地域が多いから、当節のようにシャワーを浴びるどころか、身体を洗うことさえ容易ではなかった。当然、においも気になることの一つだったであろう。通常、女性が喪に服しているときは、香水をつけることは禁じられているが、「月のものが終わったとき、香水をしみこませた布で身体を浄めよ」とムハンマドの指示はなかなかきめが細かい。

婚姻の書

ムハンマドの最後の妻アーイシャによると、イスラーム以前の時代、結婚には大別して次の四つの形態があったという。

第一は、男が女の父または後見人に結婚の意思を表明し、結納金を支払ったのちに結婚する。

第二は、妻の月のものがすんだら、彼女に他の男性のもとに赴いて交渉をもつように命じ、夫は妻がこの男によって身ごもったことが明らかになるまで、彼女と関係をもたない。妻の妊娠が明らかになったとき、夫は彼女と再び交わる。これは「交渉を求める結婚」と呼ばれ、すぐれた子供を得る目的で行なう。

第三は、十人以内の男たちが集まって一人の女のもとに入り、各人が彼女と交わる。そして彼女が身ごもって子を産んだら、数日後に男たちに使いをやって、彼らを一人残らず集める。そこで彼女が男たちに「あなた方と私とのことはご承知の通り」と言ってから、その中の一人に向かって「私の産んだのはあなたの子です」と呼びかけると、彼女の子は名指された男性と血縁関係があることになり、その男性はこれを拒否することはできない。

第四の場合は、多くの男たちが一人の女のもとに入り、彼女はだれをも拒まない。つまり、彼女は娼婦で、家の戸口に目印の旗を立てているので、それを見て望む人は入る。そして女が身ごもって子を産むと、男たちは集まって人相見を呼び、彼がその子の父と思われる者を探し当て、みなの前で宣言する。父親に指名された人はそれを拒否することはできない。

(牧野信也訳『ハディース　5』より一部変更)

ほかにも、男性同士が結納金なしで自分の娘を交換して妻にしたり、妻そのものを交換したりするバーター方式や、夫が死んだ場合、その一族と再婚させる風習もあった。

たとえば、父親の死後、息子が実母以外の父の妻と結婚する形態である。父が他界したのち、息子が継母と結婚したいなら、その意思表示として彼女に上着を投げかける。その際、女性はこの求婚を拒むことはできない。

息子が年少である場合には、親族の者が彼女を手元に引き止め、息子が成人したのちに改めて彼の意思を問う。彼がこの継母との結婚を望まないと言えば、はじめて彼女は夫の一族との縁が切れることになる。

『コーラン』では、この結婚を、「自分の父親の妻であった女を己が妻にしてはならぬ。今までにもう出来てしまった分は仕方がないが。これは浅ましくも憎むべきこと。実に不埒な行いじゃ」と言ってかたく禁じた。

また、夫が他界した場合、妻の身柄に関して夫の一族は妻自身、あるいは妻の一族よりも権利があると主張し、もしも一族の誰かが彼女を妻に望んだ場合、彼女もその一族も拒むことができず、彼らの選ぶ男に嫁がせるという非人道的な習慣もあった。ムハンマドは当人の同意なしに嫁がせてはいけないと言っている。

ほかにも、一定の金額を女性に支払って特定の期間だけ妻とし、期間が終われば縁も切れるという「一時婚《ムトア》」というのもあった。これは旅商人などに許されたのが始まりとされる、いわば現地妻方式であるが、預言者ムハンマドはハイバル遠征ののちに禁止した。しかし、シーア派では、これはやむをえない場合にふしだらな行為にけじめをつけるという意味ではよいことだと解釈して、現在でも実行されている。

昔から正式な手続きを踏まない内縁関係や事実婚はもちろん、いくらでもあった。しかし、女性の地位が低く、生まれてきた子供に対してもなんの保障もない社会では、悲惨な境遇に陥ることが多かったため、『コーラン』ではこの種の結婚を「放縦な野合」として禁じた。

『世界の女性史　13　中東・アフリカⅠ　東方の輝き』によれば、イスラーム以前の結婚形態は大きく二つに分けられるという。一つは、妻が結婚して自分の部族から離れて夫と住む場合、もう一つは、妻が自分の部族を離れない場合である。前者においては、女性の地位は結婚によりいっそう低くなる。夫は妻のまさしく主人であり、妻は主人の意のままになる奴隷か、または商品のような存在になる傾向が強い。

これに比べて後者の場合には、女性はひときわ広範囲な地位と自由を享受できた。前述の娼婦のような形態をとることもあったが、さまざまな点で女性の側により大きな選択権がある例も、とくに高貴な身分の女性の場合にはまれではなかった。たとえば、ある女性が、自分の天幕の入り口を西から東に変えると、それは離婚の意思表示であり、それまでの愛人もしくは夫は二度とこの女の家に入れないといった風習があったという。

イスラーム教徒は四人の妻を娶ることが認められていることの根拠として、よく『コーラン』の第四章「女」の第三節、「誰か気に入った女をめとるがよい、二人なり、三人なり、四人なり」というムハンマドの言葉が引用される。

だが、この一文の前に「もし汝ら（自分だけでは）孤児《みなしご》に公正にしてやれそうもないと思ったら」という一節があることに注目しなくてはならない。

ムハンマド以前のアラビア半島は部族中心社会で、その伝統と掟を守ることが何より重視された。そこへ預言者が、血筋や生まれを無視して、神は人間を裸のまま、平等に評価するという新宗教のモラルを打ち出したので、迫害や貧困に悩まされている人たちには喜んで迎えられたが、既成上流階級や金持ちからは社会秩序を乱すとんでもない男だとにらまれた。当然、彼を信奉する人と、その流れを阻止しようとする人たちのあいだで対立が起こり、血縁関係ではなく信仰によって固く結ばれるムスリム共同体が成立するまでにはたびたび激しい戦いがあった。

前記の一節は、その一つである有名なウフドの戦役ののちに啓示されたものである。この戦役はイスラーム軍の負け戦で、七百人のムスリム軍から七十数名の戦死者が出て、たくさんの父親のない子と未亡人が生じた。父なし子や未亡人の暮らしをどう支えてやったらよいか、当時の一大問題だった。結婚が成人女性の生活安定の基本的条件だったから、寡婦が夫なしで生計を立てることは至難の業だった。戦死者の家族の救済は、余裕のある者が父なし子や寡婦と結婚するのが最良の手段だったと考えられる。もともとアラビア半島においては一夫多妻は一般的な習慣だったから、能力のある男性は何人女性を娶ってもかまわなかったが、預言者はまずその数を「無限」から「四人」までに限定したのである。

ムハンマド自身、生まれる前に父はすでになく、母も六歳のときに死んで、祖父や叔父のところを転々として育てられたので、父なし子の肩身の狭さを身にしみて知っていた。孤児にいくばくかの財産があれば、引き取って世話をするように見せかけて、それを勝手に使ってしまったり、子連れの未亡人が若くて美人であったりすれば、これ幸いと通常の結婚の時に払う結納金を安く値切って妻にしたがる人もあったようだ。

「自分だけでは孤児に公正にしてやれそうもないと思ったら」という前文は、母子の生活や財産を第三者として管理するのがむずかしい場合は、二人なり、三人なり、四人なりの女性と、正式に結婚して、責任を持って面倒を見てやるほうがよいと言っているのであって、決して四人の女と快楽を享受してよろしいという意味ではなかった。

複数の妻と一つ屋根の下で暮らし、妻同士が姉妹か、おばと姪のように仲良く家事や育児を助け合う例もあるようだが、たいていは生活は別々で、男性のほうが妻のところへ通う例が多かったようだ。未亡人宅への男出入りに余計な詮索をされるよりも、ちゃんとした結婚契約があったほうが、当時としてはよい方法だったのだろう。「アリババと四十人の盗賊」でも、主人公のアリババは亡くなった兄の未亡人をもう一人の妻にしている。

「二人なり、三人なり、四人なり」のあとには、「だがもし（妻が多くては）公平にできないようならば一人だけにしておくか、さもなくばお前たちの右手が所有しているもの（女奴隷を指す）だけで我慢しておけ。その方が片手落ちになる心配が少くてすむ」とある。複数の妻を娶るならば公平にせよ、というのちの掟はここから生まれたものであろう。女奴隷ならば、公平にしなくてもよいというのは、神の前にはみな平等とは言っても、当時、奴隷はまったく別枠で、人間扱いされていなかったのである。

「沈黙は同意を意味する」

イスラーム時代以前から、古代アラビアには結婚に際して夫の側から妻の側に「マフル」と呼ばれる結納金を贈る風習があった。ムハンマドは、そういうきちんとした手続きをせずに放縦な野合に走ったり、色男をつくったりしてはならない、また、未亡人だからと言って、相応の結納金を払わないのはよくないと戒めた。

結納金《マフル》についても、ムハンマド以前には、娘の結婚に際し、娘のそれまでの養育に要した費用を未来の夫の側から払ってもらうという概念から、もっぱら花嫁の父親、もしくは後見人の懐に入っていた。しかし、ムハンマド以降は、結納金はすべて結婚当事者の女性の財産とされ、花嫁の承諾なしには他の者がわずかなりとも使用する権利がなく、新婚生活のための準備、その後の必要のための貯えに用いられるようになった。したがって結納金は、花婿が結婚の権利をうるために花嫁に支払う代価であり、将来の妻となる女性の生活の保障といった性格をもつ。

ムハンマドはまた、それまでの結婚が女性の意思を尊重することなく、もっぱら彼女の父親、もしくは後見人の意思が決定的であったのに対し、女性の意思を結婚のための基本的な条件とした。女性がすでに結婚経験者であればその意向を尋ね、処女であれば当人の同意を得てからでなければ嫁がせてはならないと言っている。

信徒たちが「その同意はどのように示されるのですか」と訊くと、彼は「沈黙することによってだ」と答えた。アーイシャは「では、恥じらい勝ちですね」と言うと、「沈黙は同意を意味する」とムハンマドは答えた。ある離婚した女性が父親によって無理やりに再婚させられたとムハンマドに訴えたとき、彼はこの結婚を無効にしたという。

また、意中の人が結婚に同意してくれているのに、必要な結納金を用意できない男性に対しては、どんなささやかな贈り物でもよいとし、それさえ見つからなければ、『コーラン』の言葉を覚えている（信心深い人間であることの証《あかし》）だけでもよいとしている。そして、たとえ羊一頭でもよいから、ご馳走して婚宴を設けよと命じた。

また結婚をしてはいけない女性についてもこまごまと指示している。自分の父親の妻であった女を妻にしてはならない。娶ってならぬ相手は、自分の母親、娘、姉妹、おば、兄弟姉妹の娘、乳母、乳母の娘、妻の母親、再婚した妻の連れてきた娘、自分の実の息子の配偶者、姉妹を同時に妻にすることもいけない……正式の夫を持つ女もご法度である。この掟以外で、財産の許す範囲内で、正式に結婚するのは差し支えない。

また、男性は、妻となる人をイスラームの信徒にしてから娶ること、女性は信徒でない人には嫁いではならない、と異教徒との結婚を禁じている。

いる。

離縁の書

離縁については、『コーラン』の第六五章「離縁」に神の言葉として次のように述べられて

これ、預言者よ（モハメットへの呼びかけ）、お前たち（回教徒）が妻を離縁する場合には、必ず定めの期限が来てから（具体的には三回月経を見てから、ということ。妊娠していないことを完全に確かめるのである）正式に離縁するように。よく期限を勘定せよ。お前たちの主、アッラーを懼れかしこめよ。彼女らを家から追い出したり、出て行かせたりしてはならぬ。誰が目にも明らかな不埒（姦通）を犯した場合を別として。これはアッラーの戒律《おきて》。（中略）

さて、いよいよ定めの期限になったなら、彼女らを家に置いてやるなり、別れるなり、いずれにしても公正を旨として振舞うよう。自分の仲間から二人だけ、正しい人間を証人に立て、アッラーに向って立派に証言するよう。（中略）

彼女ら（離縁した女たち）をお前たちの住んでいる所に置いてやるよう、それぞれの資力に応じて。決して意地悪して、酷い目に遇わせたりしてはならぬぞ（無理に追い出してはいけない）。女が妊娠している場合には、胎《はら》の中のものを生み落すまでよく面倒見てやる

ように。また彼女らがお前たち（夫）のために（生んだ子供に）授乳してくれることになったら、その報酬を出すよう。お互いに好意をもって相談し合うがよい。だが、どうも話がうまくまとまらない場合、誰かほかの女に授乳して貰うよう。

夫が妻を離縁するときは、妻に対して三度離縁宣誓をする。そのようにして離縁した妻について、一度目、あるいは二度目に離縁宣誓したときは復縁させることができる。もし三度目に離縁宣誓してしまったときは、妻が他の男といったん結婚して、離婚した後でなければ、前の夫と再婚することは許されない。

夫のほうから離縁を言い出したときは、妻側が払ってもらった結納金は返さなくてよい。妻のほうから離縁を申し立てることもできるが、この場合は払われた結納金は返さなくてはならない。

ムハンマド以前には、夫が妻を離縁するとき、「お前の背中は母さんの背中のようだ」と言う風習があった。これは、「見飽きた」とか「性的魅力を感じない」などの身勝手な理由で離縁することを意味し、ムハンマドは「けしからんこと」だと述べている。

夫婦間にひびが入りそうな気配があるときは、「男の一族から調停人を一人、女の一族からも調停人を一人呼んでくるのがよい」と奨めている。

「夫が戦場で行方不明になったときは一年間待つこと、夫を失った妻は四カ月と十日間、喪に服すること」。「その期間中、彼女らが家から追い出されずに十分な扶養を受けられるよう遺言しておく必要がある」とも言っている。ただし、女性のほうで出てゆく分には咎められない。

こう見てくると、ムハンマドの指示は、当時、非常に低かった一般女性の地位を手厚く保護する画期的なものであったことがわかる。

養育の書

ここでは家族を養うことの功徳が述べられている。

その基本は、「ムスリムが来世の報いを望んで家族のために費やすならば、それは彼にとって喜捨となる」というムハンマドの言葉に集約されている。「最もよい喜捨は、お返しを期待せずに財産を与えることだ。お前が養育すべき者から始めよ」とある。

また、「寡婦や貧者のために力を尽くす者には、アッラーの道に戦う者や、昼は断食し夜は起きて礼拝する者と同じ功徳がある」とも言っている。

妻子を養う義務については、前述の基本に従って、「お前が家族のために費やすものはすべて、妻に与える一口の食べ物にいたるまで、喜捨として認められる」とし、「お前が養うべき者にまず与えよ」と命じた。

男は妻子を養う義務がある。夫が妻のために一年間の食糧の費用を蓄えることが望ましいとムハンマドは言って、現にナツメヤシ林を売り、その金で家族のための一年間の食糧を蓄えて手本としたという。

「離縁の書」でも触れたとおり、離縁された妻がすでに母になっている場合は、授乳期間が完全に終わるまで、女の衣食を責任をもって保障しなければいけないと言っている。また、そのやり方については、臨機応変に、人の道を踏み外さない範囲で決めればよい。「アッラーは汝らの所業をことごとく照覧したもうと心得よ」とある。

夫が妻と子供に必要なものをくれないとき、妻は夫に断らずに夫の財産から必要なものを適度にとってもよいか、と訊かれて、預言者は「適度にならばよい」と答えた。

ムハンマドはまた、子供たちにやさしく、夫の財産をよく守り、支出を上手に管理する女性を褒めている。また、夫が病弱、無能などで家族を養えないとき、夫に代わって子供を養う妻には来世の報いがあると励ました。そして、もし孤児や困窮した人がいる場合、快く施しを与えて、社会全体で弱い者を支えていくことを功徳としている。

衣服の書

イスラーム教徒といえば、すぐに話題になるのが女性の服装。全身を覆うブルカから、アバヤという着丈を半径とする半円形の大きな布をかぶって顔だけ出すもの、御高祖頭巾《おこそずきん》風のマグナエ、修道女風の裾長コートとヴェール……など、地域によって呼び名もさまざまで、一部の女性たちが任意でそうした服装をしているところもあれば、一定の基準を設けて、イスラーム教徒でない一時滞在者や旅行者の女性にも着用を義務づけているところもある。

イスラーム女性がそのような服装をするのは、第一にはそうした服装が地域の風土、中東の厳しい自然に適しているからであろう。強烈な直射日光をさえぎり、砂嵐から身体を守るためにはたしかに身体をすっぽり覆う風通しのよい衣服をつけているほうが快適だ。現に気温が摂氏四十度、五十度などの時にはしっかりした服を着ていたほうが体温よりは熱が上がらず、ずっと涼しく感じられる。

もう一つの目的は、性的誘惑からおたがいを守るためである。『コーラン』第二四章「光り」には、「お前（モハメット）男の信仰者たちに言っておやり、慎しみぶかく目を下げて（女をじろじろ眺めない）、陰部は大事に守って置くよう（不倫な関係に使わぬよう）」とある。

女性についても同じように、「女の信仰者にも言っておやり、慎しみぶかく目を下げて、陰部は大事に守っておき、外部《おもて》に出ている部分はしかたがないが、そのほかの美しいところは人に見せぬよう。胸には蔽いをかぶせるよう。自分の夫、親、舅、自分の息子、夫の息子、自分の兄弟、兄弟の息子、姉妹の息子、自分の（身の廻りの）女達、自分の右手の所有にかかるもの（奴隷）、性欲をもたぬ供廻りの男、女の恥部というものについてまだわけのわからぬ幼児、以上の者以外には決して自分の身の飾り（身体そのものは言うまでもない）を見せたりしないよう。うっかり地団太ふんだりして、隠していた飾りを気づかれたりしないよう（これは踝飾りを指す。そのかちゃかちゃいう音は、体の一部を見せるよりもっと男の性欲をさそうものだと、古註解書は書いている)」と記されている。

　ムハンマドの時代には、今のような下着はなく、シーツのような一枚布をサリーよろしく巧みに襞を寄せて身体にまとったり、下半身には腰巻のようなものをつけ、その上から一枚布の真ん中に穴をあけて頭からかぶり、顔だけ出して、あとは腰帯で押さえたりといったシンプルなものだった。かがんだり、座ったりすると、陰部が見えてしまうこともあったらしい。『ハディース』の「衣服」の書には、ムハンマドは「一つの布をまとい陰部を覆わずに座ること、および身体の半分を覆わずに一つの布をまとうことを禁じた」とある。

　顔さえ人に見せないブルカの着用を女性に義務付けている地域では、その根拠として、よく『コーラン』第三三章「部族同盟」の五九節「これ、預言者、お前の妻たちにも、娘たちにも、また一般信徒の女たちにも、（人前に出る時は）必ず長衣で（頭から足まで）すっぽり体を包みこんで行くよう申しつけよ。こうすれば、誰だかすぐわかって、しかも害《あだ》されずにすむ」が引き合いに出される。

　これは預言者ムハンマドが晩年、メディナに落ち着いてモスクを建て、その中に区画を設けて複数の妻たちを住まわせるようになってからのことである。すでに教団長であり、政治指導者にもなっていたムハンマドのもとにはひっきりなしに嘆願者や、直訴者がやってきた。なかには食事にありつこうとか、奥さんを通して頼みごとを伝えてもらおうとか、いろいろな魂胆の人もいたようだ。夫人たちのところに入り込んで長居したり、外出すると付きまとったり、それをまた、何かと噂の種にして中傷する人たちもいた。ムハンマドもそれにはずいぶん頭を痛めていたらしい。

「こうすれば誰だかすぐわかって、しかも害《あだ》されずにすむ」という部分に注目していただきたい。頭から足まですっぽり包んでいれば、誰が誰だかわからないように私たちには思えるが、おそらくブルカの質や柄、かぶり方などから識別できるようになっていたのであろう。少なくとも一般的には、これをかぶっている人は「イスラーム教徒で、しかもきちんとした保護者のいる妻か娘」、働く必要のない裕福な身の上であることを示す、事実上のステータス・シンボルだった。そういう女性を強姦したり、色目を使ったり、あるいは二人きりで長時間過ごして男女関係を疑われるような行為は慎まなければならない。ちなみに、畑に出て働く農婦や季節労務者、遊牧民、奴隷などにはそのような長衣を着る習慣はなかった。また、「現世で絹の衣を着るものは、来世ではそれを着ないであろう」と言って奢侈を戒めた。

興味深いのは、『コーラン』に、女装する男、男装する女に気をつけよ、という一節があることである。とりわけ、女装する男を家から追い出すようにと注意している。女性のブルカやアバヤは一見、男女の見分けがつきにくい。女装して夜這いしたり、女たちに混じってお尋ね者が行方をくらませたりする例は、現代でも少なくないらしい。実例については第6章で述べる。

第3章

イスラームの平等意識

聖地メッカのカーバ神殿に集まる巡礼者（AP/WWP）

神聖不可侵な差別

ムハンマドが登場した頃のアラビア半島は、メッカやメディナなどの商業都市にはすでにユダヤ教徒やキリスト教徒も住んではいたが、大部分を占める砂漠の遊牧民たちは族長の命令一下、部族の利益追求に余念のない保守的な多神教徒だった。同族の味方は命がけで守り抜く反面、他部族は徹底的に敵視する。他方、古代からの通商路に位置する都市部の商人たちは利潤の飽くなき追求に目を奪われ、商業の独占を図って、おたがいに他を排除しようとした。また、遊牧から定住して商業へと生産手段の移行が生じつつあったことも、おたがいの確執を大きくし、社会を不安定にしていた。

なんとかして突破口を開かなければならない。その糸口を与えるかのように聞こえてきたのがムハンマドへの神の啓示だった。そうした社会の潜在的変革要求に対して、『コーラン』第四章「女」には次のような言葉がある。

これ汝ら、信徒の者よ、毅然として正義を遵守し、アッラーの前に証言せよ。たとえ（その証言が）自分自身や両親や、或いは近親の者に不利であろうとも。また（相手が）金持であろうと貧乏であろうと。いずれにせよ（相手方の貧富に拘らず）本当に取りさばくのは（汝らではなくて）アッラーただおひとり（汝らはただありのままに証言さえすればよい）。

両親、近親者の非だけでなく、金持ちどもの誤りを毅然として正せと言っている。これは、部族がすべてか、富がすべてかといった従来の価値観に真っ向から挑戦する民主的価値観だった。預言者ムハンマドの生涯についてたくさんの伝承を残しているアル・ワーキディー（七四七―八二二）によれば、こうした新しい価値観を標榜したために、当初さまざまな迫害をこうむったムハンマドも、やがて信奉者を増やし、刃向うメッカの多神教徒を制圧して、西暦六三〇年（ヒジュラ暦八年）カーバ神殿に祀られていた三百数十体の偶像を破壊するとともに、高らかにこう宣言したという。

今こそ異教時代のいっさいの貸借関係、その他諸々の権利義務はまったく清算された。同時にいっさいの階級的特権も消滅した。もはや何人たりとも地位や血筋を誇ることは許されない。諸君はアダムの子孫としてすべて平等であり、もし諸君のあいだに優劣の差があるとするならば、それは神をうやまう心、敬神の念においてのみである。（井筒俊彦著『マホメット』）

イスラームの教えは個人主義の目覚めを促した。そしてアッラーの前に万人が平等であるという自覚は、それまでの狭量な部族主義、同業者意識を大きく超えた、民主的な連帯意識を醸成するのに役立った。これが多くの賛同者の熱烈な支持を得て、イスラーム信仰を基盤とした共同体《ウンマ》が発足する。人々の考え方、生き方そのものを庶民のレベルでがらりと変えたという点では、まさに革命だったたであろう。

信徒である者はみな兄弟、神の前にはみな平等という考え方は、ユダヤ教徒、キリスト教徒にもあった。いずれの宗教でも、敬虔さと善行が、富や権力、高貴な血筋をしのぐものとされている。ただし、歴史的に見て、そうした平等を全面的に享受しているのは、解放された成人男子で、しかも同じ宗教の信者に限られていて、この三つの宗教のいずれにおいても、男と女、自由民と奴隷、信者と不信者は基本的に平等ではないとし、後者を地位の低い者と定めていた。

男と女

「イスラーム世界の女性」というと、カラスの群れのような黒装束のブルカ姿や、時代劇に出てくる御高祖頭巾《おこそずきん》みたいなヴェールの着用を義務づけられていたり、単独の外出や車の運転を禁じている国があったり、教育や就業が著しく制限されているところもあるなど、女性蔑視を連想しがちだ。おまけに「妻は四人まで」とは、女性にのみ貞淑を押し付けて男性の放縦を許し、女を慰みものにする、とんでもない制度だと苦々しく思っている人も多いかもしれない。

だが、すでに第1章で述べたように、古くからアラビア半島の「シバの女王」や、シリア砂漠のパルミラの女王ゼノビアなど、機を見るに敏で、能力を十分に認められ、信頼されて人の上に立ち、自由闊達に生きた女性の先達がいる。詩人として名をなしたり、名医として名高かった女性たちもたくさんいた。

預言者ムハンマドの最初の妻ハディージャは、彼より十五歳年上の商家の未亡人で、隊商を組織して手広く交易事業を行なっていた女実業家だった。ハディージャに先立たれたあと、ムハンマドは数人の妻を持つが、その最後の妻アーイシャは、父娘ほど年の違う若い女性ながら、夫の遠征に同行してかいがいしく負傷者の手当てをしたり、夫の死後もラクダに乗って軍隊と行動をともにして兵士を励ますなど、なかなか勇ましい。

現代のイスラーム国（イスラーム教徒が七〇パーセントを超えているような国）のなかには、女性差別問題などとっくに卒業してしまい、トルコのように女性の首相や国会議員を出したり、専門職に女性の占める割合が日本より高い国も多い。もちろん、服装の制限などまったくない国も少なくないのだが、そういう国でも、保守的な人たちのあいだに、まだ、女性蔑視の習慣や考え方が残っている地方がある。

まず、イスラーム世界における男尊女卑的思想の根拠について見てみよう。

ムハンマドが登場した頃のアラビア半島の生活は、非常に厳しいものだった。数少ないオアシスに定住して農業を営んだり、東西の商品を仲介する商人もいたが、大部分は砂漠のわずか

83	**バングラディシュ**	9.10%
83	サントメプリンシペ	9.10%
85	ガーナ	9.00%
86	モルドバ	8.90%
87	**ギニア**	8.80%
88	ボツワナ	8.50%
89	ガボン	8.30%
89	ハンガリー	8.30%
89	マラウイ	8.30%
92	カンボジア	8.20%
92	サモア	8.20%
94	ブルキナファソ	8.10%
95	コートジボワール	8.00%
95	マダガスカル	8.00%
97	クロアチア	7.90%
97	モンゴル	7.90%
99	**マレーシア**	7.80%
99	スロベニア	7.80%
99	ウクライナ	7.80%
102	モーリシャス	7.60%
103	マケドニア	7.50%
104	**チュニジア**	7.40%
105	中央アフリカ	7.30%
105	ルーマニア	7.30%
107	アンドラ	7.10%
107	ウルグアイ	7.10%
109	ベリーズ	6.90%
109	グルジア	6.90%
111	**イラク**	6.40%
112	ギリシア	6.30%
112	モルディブ	6.30%
112	シエラレオーネ	6.30%
115	ベナン	6.00%
115	ブルンジ	6.00%
115	**ウズベキスタン**	6.00%
118	ネパール	5.90%
119	ブラジル	5.70%
120	カメルーン	5.60%
120	タイ	5.60%
122	キプロス	5.40%
123	**スーダン**	5.30%
124	**アルバニア**	5.20%
125	ユーゴスラビア	5.10%
126	赤道ギニア	5.00%
127	**イラン**	4.90%
127	スリランカ	4.90%
129	キリバス	4.80%
129	セントビンセント・グレナディーン諸島	4.80%
131	日本	4.60%
132	シンガポール	4.30%
133	**トルコ**	4.20%
134	リヒテンシュタイン	4.00%
135	レソト	3.80%
135	**モーリタニア**	3.80%
137	韓国	3.70%
138	ハイチ	3.60%
138	ケニア	3.60%
140	**アルジェリア**	3.20%
141	スワジランド	3.10%
142	**タジキスタン**	2.80%
143	パラグアイ	2.50%
144	チャド	2.40%
145	**レバノン**	2.30%
145	**パキスタン**	2.30%
147	ブータン	2.00%
147	**エジプト**	2.00%
147	エチオピア	2.00%
147	ガンビア	2.00%
147	ソロモン諸島	2.00%
152	パプアニューギニア	1.80%
153	**キルギス**	1.40%
154	**イエメン**	0.70%
155	**モロッコ**	0.60%
—	ジブチ	0.00%
—	ヨルダン	0.00%
—	クウェート	0.00%
—	ミクロネシア	0.00%
—	ナウル	0.00%
—	パラオ	0.00%
—	ツバル	0.00%
—	アラブ首長国連邦	0.00%
164	バヌアツ	0.00%

(太字はイスラーム国)

列国議会同盟・1999年9月現在

世界女性国会議員比率ランキング（下院・衆院）

1	スウェーデン	42.70%
2	デンマーク	37.40%
3	フィンランド	37.00%
4	ノルウェー	36.40%
5	オランダ	36.00%
6	アイスランド	34.90%
7	ドイツ	30.90%
8	南アフリカ	30.00%
9	ニュージーランド	29.20%
10	アルゼンチン	27.60%
10	キューバ	27.60%
12	オーストリア	26.20%
13	ベトナム	26.00%
14	モザンビーク	25.20%
15	セーシェル	23.50%
16	ベルギー	23.30%
17	オーストラリア	22.40%
18	モナコ	22.20%
18	ナミビア	22.20%
20	中国	21.80%
21	スペイン	21.60%
22	ラオス	21.20%
23	スイス	21.00%
24	カナダ	20.60%
25	北朝鮮	20.10%
26	コスタリカ	19.30%
27	ガイアナ	18.50%
28	イギリス	18.40%
29	**トルクメニスタン**	18.00%
30	ウガンダ	17.90%
31	リトアニア	17.50%
32	エクアドル	17.40%
32	メキシコ	17.40%
34	ルワンダ	17.10%
35	ラトビア	17.00%
36	エルサルバトル	16.70%
36	ルクセンブルク	16.70%
38	**タンザニア**	16.40%
39	ドミニカ	16.10%
40	スリナム	15.70%
41	アンゴラ	15.50%
42	バハマ	15.00%
42	チェコ	15.00%
44	**エリトリア**	14.70%
45	ジンバブエ	14.00%
46	ジャマイカ	13.30%
46	セント-キッツ・ネビス	13.30%
46	サンマリノ	13.30%
46	アメリカ	13.30%
50	ポーランド	13.00%
50	ポルトガル	13.00%
52	スロバキア	12.70%
53	グアテマラ	12.50%
54	フィリピン	12.40%
55	**マリ**	12.20%
56	**セネガル**	12.10%
56	ベネズエラ	12.10%
58	**アゼルバイジャン**	12.00%
58	コンゴ	12.00%
58	アイルランド	12.00%
61	コロンビア	11.80%
62	イスラエル	11.70%
62	**カザフスタン**	11.70%
64	ボリビア	11.50%
65	フィジー	11.30%
66	カボ-ベルデ	11.10%
66	イタリア	11.10%
66	セントルシア	11.10%
66	トリニダードトバゴ	11.10%
70	フランス	10.90%
71	ブルガリア	10.80%
71	チリ	10.80%
71	ペルー	10.80%
74	バルバドス	10.70%
75	**シリア**	10.40%
76	ロシア	10.20%
77	ギニアビサウ	10.00%
78	ニカラグア	9.70%
79	ザンビア	9.50%
80	ドミニカ	9.40%
80	ホンジュラス	9.40%
82	マルタ	9.20%

な牧草地を求めて移動して暮らす遊牧民だった。水争い、牧草地の縄張り争いは絶えず、すきあらば他部族や隊商を襲って食糧や家畜を奪い取らなければ生きていけない。掠奪は生きるための手段だった。夏と冬の間に千キロ以上も移動する遊牧民は、毎日が家族のための最小限の飲み水と、飢えをしのぐ食べ物が確保できるかどうかの闘いだったのである。

絶えず見張りを立て、斥候を出し、相手が少人数、あるいは無防備と見れば、即座に襲いかかり、強敵とわかれば脱兎のごとく逃げる。そうした生活で大事なのは一人でも多くの屈強な男手である。このような社会集団の中では必然的に男性が重視されるために、男の子の誕生は大歓迎されたが、女の子が生まれると、時には生き埋めにする「ワアド」(女児の間引き)という習慣があった。これは、必ずしも食い扶持減らしのためばかりではなく、襲撃に明け暮れた時代に、捕虜になるのはたいてい女子供で、女の子が掠奪される(しかも強姦される)ことが多かった。奪われたほうは逆襲か金銭かで取り返そうとするし、奪ったほうはそれを公にして相手のプライドを痛く傷つける。そこで、女子はなるべく少ないほうがよいと考えられていたのである。

『コーラン』第一六章「蜜蜂」には、出産を待つ父親について次のような一節がある。

現に、彼らの誰でも、女のお子さんですと言われるとたちまち、さっと顔色を黒くして、胸は恨みに煮えかえり、あまりの嫌な知らせに、仲間から身を隠してしまう。さて、屈辱をしのんでこれ（生れた子供）をこのまま生かしておこうか、それとも土の中に埋めてしまおうか。

これについてムハンマドは、「まったく、なんといういやな考え方をすることか」と嘆き、「いくら貧乏でも自分の子供を殺さぬこと（特に女の子）」とこれを違法化した。

他方、中東には聖書時代から連綿と続いてきた「アダムとイヴ」神話がある。『コーラン』においても、アッラーは「汝らをただ一人のものから創り出し、その一部から配偶者を創り出し（アダムの肋骨からイヴを創ったことを指す）、この両人から無数の男と女とを（地上に）撒き散らし給うたお方」であると認め、「女というものは汝らの耕作地。だから、どうでも好きなように自分の畑に手をつけるがよい。ただ（その場合も）己れ自らの先々（来世）のためになるように行動するのだぞ」と言っている。

イスラーム教徒の男性優位的行動のお墨付きとしてよく引用されるのは、第四章「女」の次の一節だろう。

アッラーはもともと男と（女）の間には優劣をおつけになったのだし、また（生活に必要な）金は男が出すのだから、この点で男の方が女の上に立つべきもの。だから貞淑な女は（男にたいして）ひたすら従順に、またアッラーが大切に守って下さる（夫婦間の）秘めごとを他人《ひと》に知られぬようそっと守ることが肝要（この一文は色々な解釈の可能性がある）。反抗的になりそうな心配のある女はよく諭《さと》し、（それでも駄目なら）寝床に追いやって（こらしめ、それも効がない場合は）打擲《ちょうちゃく》を加えるもよい。だが、それで言うことをきくようなら、それ以上のことをしようとしてはならぬ。

一般的にはしかし、イスラームの到来によって、古代アラビアの女性の地位は大幅に改善され、所有権その他の多少の権利が保障され、夫や所有者からの酷い待遇に対して保護が与えられるようになった。宗教上の違反行為については、男性より懲罰が軽かった。たとえば、棄教の罪は男性のように死罪ではなく、投獄もしくは鞭打ちですまされた。もっとも、これは法律家の目から見れば、特権であるよりも地位の低い徴《しるし》だとされる。女性は法律上、明らかに劣位に置かれていて、たとえば、相続や、訴訟における証言において、女性は男性の半分しか評価されなかった。今日でも、サウジアラビアのように妻や娘が犯した罪のために夫や父親が罰せられる国がある。

後年の施政者たちはムハンマド在世時代の香気豊かな政治理念から逸脱し、次第に世俗王国の進む道を歩みだした。ムハンマドに続く四人のカリフの施政下で約三十年あまり、かろうじて受け継がれていた純粋なイスラーム的精神は、その後徐々に蝕まれてゆき、その地域の既存の考え方や風習の影響を大きく受けるようになった。

カリフの選任に関しても、当代の人格・識見ともにすぐれた人物を特定の選挙基準にのっとって公選するという原則は、次第に権力者の世襲制に取って代わられ、富と権力、有識者などの新たな特権階級が生まれた。権力の台頭とともに、ムハンマドがかたく禁じた派閥意識が再びよみがえり、権力をめぐる内紛は次第にイスラーム帝国を蝕んでゆく。そうした歴史の中で、妻は四人まで合法、正式の結婚のほかに内縁関係は普通のこととされ、未婚の女奴隷は、持ち主の意のままにされるなど、イスラームの名目によって女性の地位も次第に貶められていったのである。

自由民と奴隷

アブラハムの時代にはすでに奴隷がいたことが『旧約聖書』の「創世記」にも記されている。アブラハムの妻サライには子供ができなかったので、自分の下で働いているエジプト人の女奴隷ハガルを夫アブラハムの側女《そばめ》にした。ハガルは、身ごもったのを知ると、女主人を軽んじて大きな顔をするようになった。サライはそれを不愉快に思って彼女につらく当たったので、女奴隷は逃げ出した。すると、荒野の泉のほとりで神のみ使いが現われて、「あなたの子孫を数え切れないほどたくさん増やすから、女主人のもとに帰り、従順に仕えなさい」と告げる。こうして生まれた男の子イシュマエルがアラブ人の始祖だと言われている。

イスラーム法と慣習では早くから、自由人を奴隷化するのは、事実上、同じ信仰を持たず、改宗にも反対して戦った末、捕虜になった者（その一族の女子供も含まれる）か、女奴隷の子供に限られており、債務奴隷は原則として認められていなかった。また、異教徒との戦いで休戦条約が締結され、互いに相手を襲撃しないという合意のもとに、その見返りとして異教徒側が毎年一定数の奴隷をムスリム社会に提供し、ムスリム側が代わりに食糧などを提供したケースもある。

奴隷の所有主は彼らを「物」として所有し、これを売買、相続、贈与の対象にすることができた。奴隷は主人の許可を得て結婚することもできたし、また女奴隷の子供であっても、主人がこれを認知すれば自由人となり、解放後は自由人女性の子供とほぼ同等の権利を与えられた。だが、たとえ奴隷になったのちに改宗しても、一般には裁判官などの公職に就くことは禁止され、礼拝やジハードの義務も比較的緩やかだったのは、自由人と同等とは考えられていなかったことを物語る。

しかし、奴隷になってから改宗し、良い行ないをして主人を助ける人もいる。その後の扱いについては、『コーラン』でも、主人も奴隷も同じ母の胎内から生まれた者であるから、できるだけ機会をとらえて自由の身に解放してやるようにと言って、奴隷の解放を、死後天国に行くための善行として積極的に奨励している。

『ハディース』によれば、ムハンマドはこう命じたという。「アッラーが汝らの手元に置いて下さった奴隷は汝らの兄弟であるから、このような兄弟を持つものは、自分自身が食べているものを彼に食べさせ、自分自身が着ているものを彼に着せ、能力以上のことを負わせないようにせよ。また、もし能力以上のことを課すときは、手助けしてやるように」、また、奴隷に対しても、「わたしの奴隷」とか、「わたしの端女《はしため》」とか言わずに、「わたしの若者（ファターグラーム）」と呼ぶようにせよ、と命じた。

イスラーム社会のそのような寛大さが、のちにはかえってさまざまな面に奴隷を活用する気風を作り、あちこちの奴隷市場から奴隷が供給されるようになったのはまことに皮肉である。イスラーム社会は基本的には奴隷を基盤とした経済体制ではなかったので、イラクの塩田の排水作業や、サハラ砂漠の塩坑の過酷な労働従事者など、一部の例外を除いて経済奴隷は存在せず、ほとんどが家事使用人、もしくは傭兵として軍事目的に利用された。

オスマン帝国時代には、主に中部、南部ヨーロッパの征服地で複数の男の子がいるキリスト教徒家庭から、一番優秀な少年を奴隷として差し出させ、全寮制の施設に入れて訓練し、改宗させ、「イェニチェリ（新軍）」と呼ばれる屈強の常備軍にしたことはよく知られている。彼らの中にはりっぱな軍人となって功績をあげ、のちに宰相にまで出世した人たちもいた。女性の奴隷もはじめは子守りや料理女などの家事使用人であっても、器用で賢く、美しく、もの覚えもよい者は音楽や舞踊、文芸などを仕込まれて宮廷の後宮《ハレム》に入る者も少なくなかった。スルタンの寵姫となって後継ぎを生み、母后として采配を振るようになった人もいれば、一時ではあるが奴隷の出身で女スルタンになった人もいる。

ヨーロッパの諸列強が台頭し、その圧力によってこのような奴隷制度が廃止に向かうのは十九世紀になってからのことである。イスラーム社会では奴隷の地位が比較的高く、しかも社会的に広く認められた制度であったため、はじめは宗教学者たちも奴隷制の廃止に反対であった。しかし、『コーラン』は新たに奴隷を作ることを禁止したはずだという解釈が次第に浸透し、二十世紀に入るとオスマン帝国改革派による奴隷制廃止を皮切りに、アラブ諸国やイランも奴隷貿易を非合法化した。預言者ムハンマドの出生地メッカを国内に抱えるサウジアラビアが奴隷制を廃止したのはやや遅く、一九六二年十一月七日である。

信者と異教徒

イスラーム初期の信徒たちは、千三百年後に「信教の自由」が叫ばれ、政教分離の世俗化社会が出現するとは予想していなかったであろう。世界にはさまざまな宗教を信じる人たちばかりでなく、まったく信仰する宗教を持たない人たちもいて、それでもみな、平等の権利をもって国家共同体を形成し、共存してゆくなど、想像もつかなかったに違いない。

民族や身分の違いを乗り越えて、同じ信仰をもつ者は兄弟であるとして結束をはかってきたイスラーム共同体は、異教徒に改宗を強要はしなかったが、同信者であるかないかは厳然と区別した。「イスラーム法」を遵守することによって社会秩序を保ち、それに賛同する人たちが増えることによって勢力圏を拡大、繁栄させていったのであるから、境界領域で接する人たちには必然的に、「イスラームを信仰するかどうか」「イスラームの社会秩序を尊重するかどうか」が問われた。

『コーラン』第九章「改悛」では、信仰者と不信仰者を峻別している。

汝らが契約を結んだ多神教徒に与える特別免許（は次の通り）。「四カ月の間（いわゆる「神聖月」。この期間は宗教的行事に当てられるのであって、どんなに激しく対立している敵同士でも、一時和平協定を結ぶ）だけ、国中自由に旅してよろしい。いずれにしても汝らにはアッラーを出し抜くことはできない、しかしアッラーは信仰なき者どもを（思いのままに）出し抜き給う、と心得よ。」

……………

しかし勿論、多神教徒とて、汝らと協定を結んで後は少しも義務を怠らず、また汝らに敵意をもつ人間はただの一人も援助したこともないような人たちは別とする。そういう人たちにたいしては汝らの方でも、約束の期限まで正しく協定を守ってやらなくてはいけない……。

だが、（四カ月の）神聖月があけたなら、多神教徒は見つけ次第、殺してしまうがよい。ひっ捉え、追い込み、いたるところに伏兵を置いて待伏せよ。しかし、もし彼らが改悛し、礼拝の務めを果たし、喜捨もよろこんで出すようなら、その時は遁《に》がしてやるがよい。まことにアッラーはよくお赦しになる情深い御神におわします。
　またもし誰か多神教徒がお前に保護を求めて来たら、保護を与えておいてアッラーの御言葉（『コーラン』の教え）を聞かせ、それから安全な場所に送り届けてやるがよい。仕方がない、なにも知らない者どもなのだから。

　しかし、多神教徒はいったん頭角をあらわし始めると、もう盟約も条約も守ろうとはせず、口先だけではうまいことを言うが、心はそれと裏腹で、たいていは邪曲《よこしま》な徒《やから》ばかりだから用心するようにとも付け加えている。

　また、『コーラン』ではユダヤ教徒、キリスト教徒らを「啓典の民」として、元来、ムスリムと同じ信仰の持ち主であると考えるが、多くの啓典の民はアッラーをさし措いて仲間のラビやキリストを主と崇めるなど、啓典を誤って理解し、正しい信仰の道を歩んでいないとみなし、『コーラン』は彼らの誤解を正すために啓示されたものとしている。したがって、ムスリムは他の啓典の民より、より正しい道にあるとし、それゆえ、征服地におけるユダヤ教徒やキリスト教徒は異教徒保護民（ズィンミー）として、ムスリムの主権を認め、ムスリムに政治的に服従し、人頭税《ジズヤ》と土地税《ハラージュ》を納めるなら、その見返りとして、それぞれの信仰の放棄は強制されず、生命・財産の安全は保証された。

　異教徒保護民《ズィンミー》はムスリムの法廷では証言することができず、奴隷や女性と同様、傷害の補償も、ムスリムよりは額が少なかった。ムスリム男性はキリスト教徒やユダヤ教徒の女性と自由に結婚できたが、異教徒保護民《ズィンミー》の男性はムスリムの女性と勝手に結婚すれば死刑にされた。彼らは衣服にも、それとわかるしるしをつけることが定められていた。馬には乗れず、ロバからバだけしか許されなかった。自分たちの信仰を守る自由は認められていたが、礼拝の場として古い会堂を修理することはできても、新しいものを建設することはできなかった。

　近代以前のイスラーム圏はその他の地域よりも豊かで、社会基盤も整っていて暮らしやすかったため、異教徒保護民《ズィンミー》の中には自分たちの劣位を常に自覚していなければならないのを承知でイスラーム圏に住む人は多かったが、彼らが経済的に優位になってくると、社会的・政治的利点の恩恵にあずかれないことに不満をいだく人も出てきた。

　こうした制度は、第一次大戦後に列強の植民地主義からの民族解放運動が盛んになるまで続いた。貴族制度は廃止されても貴族意識は残るように、イスラーム世界ではいまだに、ユダヤ教徒、キリスト教徒を異教徒保護民《ズィンミー》として一段低く見る風潮が心の底では払拭し切れていないのに、かつての劣位だった者たちのほうが、経済的・軍事的に優位になってきたことを忌々しく思う心理構造《メンタリティー》があることは否定できない。

第4章

男女関係

デートは可能か？

結婚は契約である

イスラーム教徒の休日前夜に当たる木曜日の夜にカイロやイスタンブールなどの大都会の大きなホテルに到着すると、正面玄関までタクシーを乗り入れるのもむずかしいくらい、周辺にびっしりと自家用車が駐車していたり、ロビーが異常な賑わいを示していてびっくりすることがある。聞くと、結婚式が行なわれているとのことで、アラブ服の新郎に、西洋風の白いウェディング・ドレスの花嫁を見かけることもめずらしくない。

役所に届けを出して、ホテルで披露宴をするのは今や世界的風潮である。もちろん、たいていの国では国家の制度としての民法があり、それに従って役所に婚姻届を出せば結婚は成立する。それ以外の結婚にまつわる細かいしきたりについては、信教の自由を認めている世俗国家では、各自の信仰する宗教の規定や風習に準じることになっている。

イスラーム教はとりわけ男女のありようについてこまかい規定を設けているので、単に役所に婚姻届を出すだけでなく、イスラーム法に詳しい人を間に立てて、法的拘束力をもつ結婚契約書を作り、花嫁、花婿、証人のほかに結婚登録人もしくは裁判官、小さな村などでは婚姻の手続きに通じた長老が署名するという二重方式をとっている。これは国が違っても、あるいはスンナ派、シーア派の宗派の違いはあっても、基本的には変わらない。要はきちんとした契約に基づく結婚以外の男女間の肉体的関係は認めないということだ。

契約のうちもっとも重要な項目は、男から女へ支払われる結納金（マフル）の額と、その支払方法である。一般に、花婿と花嫁の血縁関係が遠くなればなるほど、また、花嫁が高学歴であるなど、資質が高ければ高いほど額が上がる。支払方法は、通常、結婚時と離婚時に分けられ、後者の額のほうが多く設定されている。

結婚契約に離婚時の条件を決めておくというのは、日本人の感覚からすれば、まるで別れることを前提にして結婚するようで、縁起が悪いように思われるが、実際には離婚、死別は可能性としてはありうることなのだから、そうした場合に女性が著しく不利にならないように保護する条項があるということは、考えようによっては合理的なのかもしれない。

すでに述べたように、離婚の条件はこまかく定められていて、それによって生ずる男性側の責任と経済的負担の代償は大きいのだが、結婚と違って、離婚は当事者の一方の解消意志だけで成立することである。

男女ともに離婚権はあるが、女性のほうからの申し立てには、夫の性的不能、愚鈍、扶養義務の不履行、虐待、不信心、理由のない失踪など、やむをえない場合が多いのに対し、男性のほうは、結納金《マフル》の未払い分（離婚時に払うと決められた分）を支払い、子供を引き取る経済力があれば、一方的に離婚を成立させることが可能である。

権力者やビジネスで成功した大金持が、一時の気まぐれや、あるいは婚姻によって自分の勢力範囲を拡大、堅固にするために、次々と妻を替えることはめずらしくない。離縁した妻への精神的・経済的配慮が手厚いために、女性のほうも、暮らしに困らないなら離婚されても別にかまわないとさばさばしている人も多い。ただし、母親には乳幼児期を過ぎた子供の養育権はないので、子供を夫側にとられてしまうのは耐えられないという人はいる。

また、離婚した妻がイスラーム法を適用していない外国へ住居を変えた場合には、この扶養義務が適用されなくなるので、外国人の妻が離婚されると、自活手段がない限り自国に帰れないという問題も起こってくる。

婚姻法が民法とイスラーム法の二重になっているところでは、既婚女性に有利な民法上は夫婦のままにしておいて、イスラーム法上では離婚するケースもある。そのため、民法上の離婚率はそれほどではないが、イスラーム法上の離婚率はきわめて高く、一九九七年のクウェートの例を調べたエリザベス・W・ファーニーによると、結婚して最初の一年間の離婚率は八九パーセントと驚くべき数字になっている。これは、結婚が離婚も含めた契約であるというイスラーム法を逆手にとって、あまり心の痛みを感じずに金のある人は何度でも離婚できる風潮を作り、しかも同時に四人の妻を合法的に保持できるのであるから、イスラーム世界は「男性天国」という印象を与えてもいるだろう。

イスラーム法と民法の矛盾

四人妻の慣行については、国家法でそれを禁じていたり（チュニジア）、二人目以上は裁判官の許可（シリア、イラク）や、すでに結婚している妻の了解（モロッコ、ヨルダン、エジプト、アルジェリア）を条件とするなど、制限をつけているところもあり、実際には大多数の婚姻は一夫一婦である。二人以上の女性と結婚していて、夫人同士の間で嫉妬や争いが絶えない例もあれば、仲良く協力して家庭を切り盛りしている例もあり、複数の妻たちの関係の実態は一様ではない。

女性のほうも、結婚が契約であるという概念を盾にして、男性のほうから一方的に離婚しにくいように離婚時の支払いを含む結納金《マフル》の額をうんと高くしたり、自分の承諾がなければ、第二、第三、第四夫人との結婚は認めず、この条件を破ったなら、女性のほうから離婚を申し立てるという一項を結婚契約書に入れる例も増えてきている。しかし、のちに述べるように、男性の面子を非常に重んじるイスラーム社会では、女性から離婚を申し立てられることは社会的に見てたいへんな屈辱であるので、実際に女性がそうした条件を結婚契約に盛り込むには、女性のほうが経済的にも、社会的にもなんらかの強みがある場合に限られる。

唯一の例外は王室で、たとえば、二十世紀初頭まで六百年近く続いたオスマン帝国では、スルタンの娘の夫は「ダマト」（娘婿）と呼ばれ、離婚権は妻のほうだけにあり、夫からの離婚申し立てはスルタンの権威に盾突くものとして認められなかった。

このようにイスラーム法のもとでは、経済的、社会的に優位な階層の男性は事実上、いくらでも妻を替えられる。サウジアラビアの王室では腹違いの兄弟五十人以上（姉妹は数に入っていない）はめずらしくなく、ビジネスで成功した父をもつ、かのビンラディンも兄弟は二十数人いたという。女性も恵まれた階層に生まれて教育を受けた人たちが専門職につく割合は欧米より多いくらいで、法律を勉強する人の割合も高いため、結婚契約を自分に不利にならないようにしっかりチェックするようだが、その結果、イスラーム法に準拠した家族法は事実上、男女ともに〝強者〟に有利になりやすく、本来、弱い者を保護するための法が本末転倒になりがちだ。

そこで近年、婚姻に関して民法とイスラーム法が二重になっている国では、家族法を女性に不利にならないように改めていこうとする動きが顕著で、そのためにはこれまで男性の牙城だった法曹界に女性を入れる必要が叫ばれている。その下準備としての女性の識字率を上げるための教育は、過去五十年間に著しく向上し、女性の法学部への進学率が欧米に比べて高い。女性裁判官や弁護士、女性のための法律コンサルタントの要望も多い。

結婚してはいけない間柄については、すでに第2章で述べたが、いとこ同士の結婚は奨励されており、現在でも〝いとこ婚〟の占める割合は大きい。他に条件として、女性は非イスラーム教徒との結婚は禁止され、男性は「啓典の民」と呼ばれるユダヤ教徒、キリスト教徒の女性とならば通婚を許されている。

また、女性は自分より身分の低い部族や家柄の男性とは結婚してはいけないという不文律がある。男性は相手の女性の身分が低くてもよい。

ちゃんとした契約以外の男女間の肉体関係はご法度だから、初婚の女性は処女であることが当然とされ、初夜のあと、母親が血痕のついたシーツを誇らしげに見せて回るという風習も地域によってはまだあるようだ。しかし、当節では婚前交渉は皆無ではないらしく、膣の中に動物の肝臓の切れ端を入れたり、タンポンにこまかいガラスの小片を接着しておいて、それらしくごまかす方法など、めずらしくないらしい。

「一時婚《ムトア》」だって!?

イランの古都エスファファンに滞在していたある日のこと、日暮れ前のザーヤンデ川のほとりを散歩していると、美しく手入れされた川べりの芝生のあちこちにピクニック・シートを敷いたり、ベンチに腰掛けたり、気ままなスタイルのアベックがたくさんいた。

イスラーム国の中でもシーア派の戒律の厳しいこの国では、女性はみな、裾長のレインコートのようなイスラーム服に尼さんのようなマグナエを被っていて、外国からの旅行者にもそうした服装を義務づけるくらい風紀にやかましい。女性は仕事上の相手と握手さえしないほど、男女の接触については潔癖で、高等学校までは男女別学、大学は共学だが、男子席と女子席は分かれていてあいだに衝立があり、女子学生は男子学生からも教師からも見えないようになっていると聞く。テヘランでは、街を走っている二両連結の路線バスは後部車両の後ろ半分が女性席になっているので、バス停でも男女分かれて待っている風景は、奇異に見える。

　不倫は死刑、人妻や通りすがりの女性を誘ったりすると、夫や父親、兄弟などがものすごい剣幕で押しかけてきて、流血沙汰になることもあると聞いていたので、仲むつまじそうに夕涼みをしている男女はみんな、新婚さんなのだろうかと不思議に思って訊いてみた。

　すると、街を案内してくれたイラン人青年は、「この国には〝一時婚〟（「ムトア」あるいは「シーゲ」）という制度がありましてね。一時間から九十九年まで自由に期間を決めて、双方が諒解すれば、〝婚姻関係〟が成り立ちます。〝結納金《マフル》〟も期間によっては少額ですむのは当然で、〝デートの費用〟的な感覚で支払われるものもありますし、いっしょに時間を過ごすだけで、肉体的関係はもたないという一項を入れることもできます」という。

　いっしょに過ごす時間、そのために必要な金額、性的関係も含めてどのようなサービスを提供するかを具体的に決めることができ、それ以外の結婚に伴う義務に縛られることはなく、両者間に相続は発生しない。当事者が聖職者の前で契約書に署名してきちんと記録を残す。もしも妊娠した場合には、子供は原則として夫に帰属する。

　シーア派はムハンマドが「一時婚《ムトア》」を認めていたと信じているが、ムスリムの多数派であるスンナ派はこれに同意していない。「一時婚《ムトア》」は、『コーラン』には言及がなく、ムハンマドの言行録である『ハディース』に、「遠征中、神の使徒は人々のところへ来て『一時婚《ムトア》があなた方に許されたから、そうしなさい』と言った」という一節があるが、「ハイバル遠征のとき、預言者は一時婚《ムトア》と驢馬の肉を食べることを禁じた」と前者と矛盾する一節もある。研究者によれば、前者のムハンマドの発言時期は特定できないが、ハイバル遠征は六二八年で、預言者が啓示を受けてから十八年後のことだから、それまでは一時婚《ムトア》は認められていたという解釈も成り立つという。

シーア派では「一時婚《ムトア》」を合法と認めているが、シーア派が多いイランでさえ、一九八八年に終わったイラン・イラク戦争以降にラフサンジャーニー大統領が奨励するまでは、この「一時婚《ムトア》」は不人気だった。戦争でたくさんの若い未亡人が残され、再婚の当てもない人が大勢いたため、物質的支援と性的充足の両方が必要であろうという配慮から行なわれたと言われる。当時はまた、花嫁を迎える家をもつ余裕がないため、結婚を延期している青年たちも多かった。彼らを性的欲求不満から解放するためにも、シーア派で合法とされている「一時婚《ムトア》」を利用することを奨めたのである。

ところがこの提言は、イランの女性たちのあいだで大議論になり、女性を搾取する慣行であるとして、強く反対する人たちもいた。彼女たちは、戦争未亡人に対しては国家が保障をするべきで、「一時婚《ムトア》」によって女性が身体を切り売りする必要はないと抗議した。

だが、この提案に賛成する人たちもいた。賛成者の言い分は、「一時婚《ムトア》」は単にお金の問題ではない。未亡人や離婚者には性的充足ばかりでなく、男性といっしょに過ごしたいという欲求がある。「一時婚《ムトア》」による〝夫〟の存在は、母子家庭の子供たちにむしろ歓迎されるという。男女隔離のきびしいイランのような国では、男女がデートすることはおろか、母子家庭などで、ちょっとした家庭の雑事に男手がほしいとき、気軽に手助けしてもらったり、気晴らしにおしゃべりしたりといった付き合いを愉しんだりすることができないため、母子家庭の母親はついぎすぎすしてしまうが、「一時婚《ムトア》」はそれを解消する妙薬であるという。

また、一時婚《ムトア》の制度を利用して、肉体的関係はもたないという一項を入れておけば、素顔で男女交際ができるため、婚約期間中に相手をよく知るためにこれを利用することもある。

欧米では、妻が不妊症の場合に代理母契約を結ぶことがあるが、これも「一時婚《ムトア》」によって解決できる。スンナ派では女性に子供ができない場合、離婚するか、あるいは第二夫人を娶るのが普通だが、シーア派が多いイランでは、「一時婚《ムトア》」の目的を子供を持つためだけに限定し、生まれた子供は永久婚の夫婦が育てることを条件にすることができる。

「一時婚《ムトア》」はまた、シーア派の男性が非ムスリムの女性と結婚できる唯一の方法でもある。スンナ派の男性は他の一神教徒とは結婚できるが、シーア派では結婚が法的に成立する前に男女ともにムスリムに改宗しなければならない。しかし、ラフサンジャーニーの「一時婚《ムトア》」復活政策によって、相手の宗教に関係なく、「一時婚《ムトア》」の証明書さえ見せれば、恋人同士がホテルに泊まれることになった。

チャドルの裏返しはご用心

これを〝デート〟に利用する人もいるらしい。家族といっしょに住んでいるちゃんとした家庭の若い娘の男女交際には家族の目がうるさく、また風紀を取り締まる宗教警察《ムタワイーン》は、ホテルのフロント、バーテンダー、レストランのウエイターなど、何に変装しているかわからないから、思わぬところでチェックを受けた場合に、おたがいに身内であることが証明できるＩＤカードか、「一時婚《ムトア》」の契約書を保持していることが大事である。当節は親元を離れて仕事に就いている人や、勉学のために寮生活をしている人、都市部へ働きにきている未亡人、外国からの出稼ぎ人や難民などもおり、女性は決して全部が全部、良家の夫人や箱入り娘ばかりではないことは言うまでもない。

では、そういう相手をどうやって見つけるか？　もちろん、〝斡旋業〟のようなものはあるが、もっと手軽な街角での〝意思表示〟は、女性が「お相手してもいいわよ」という合図に、チャドルを裏返しにかぶるのだという。チャドルというのは、着丈を半径とする半円形の大きなショールのような布で、ハンカチかスカーフのように細い縁縫いがしてあるが、女性が外出するとき、イスラム服の上からすっぽり被って顔だけだし、顎のところをひょいとつまんで、全身を覆うものである。

モスクに入るときなどは旅行者も着用を義務づけられていて、入り口で貸してくれるので、私も被ってみた。黒いイスラーム服の地元の人たちは同じ黒い色のチャドルを被っているが、薄い色物や、細かい花模様のものなどもある。被っている姿を見ただけで、それが裏返しかどうかは傍目には容易にわからない。だが、同行のイラン人女性に、「よく気をつけて、裏返しに被ってはダメよ。娼婦と間違えられるから」と言われたので、それとなく細い縁縫いの部分の裏表を観察している男性はいるのだろう。

ちなみに、これだけ男女の接触にやかましいしきたりのある国なのに、乗り合いタクシーは見知らぬ男女の同乗が認められている。濃厚な香水をプンプンさせた体格のいいイラン人女性がすでに二人、後部座席に座っているところへ、詰めて座って下さいと押し込まれたある男性は、下車するまで気が気ではなく、胸がドキドキしたと告白したので、「彼女たちのチャドルは裏返しじゃなかったの？」とあとで同行の女性に冷やかされた。そう言われてみれば、郊外へ出るのに便利な四つ角にある乗り合いタクシーのたまり場などで、うまく目配せして「裏返しチャドル」の女性とどこかへ消えることは不可能ではなさそうだ。

不倫は死罪

だが、イスラーム法では、スンナ派でもシーア派でも、永久婚であれ一時婚《ムトア》であれ、れっきとした既婚者以外の性的関係は厳重に禁じられていて、罰則も恐ろしくきびしい。婚外性交も同性愛も御法度である。

イスラーム法では、殺人罪でも死刑にならない場合があるのに、合法的に性欲を満足させることのできる配偶者がいるにもかかわらず不義を犯したものは死刑と決まっている。姦通者が未婚か、あるいは不義を犯した時点で配偶者が病気もしくは遠方にいた場合は、鞭打ち百回に減刑される。イランやサウジアラビアでは、既婚者の姦通は今でも石打ち（投石）による死刑が執行されている。

『コーラン』には姦通罪は石打ち刑と明記されているわけではなく、姦通した妻は「死ぬまで自宅監禁」にするのが当然とされているが、ムハンマドの時代には、姦通者に対する投石はメディナの町のユダヤ人コミュニティーではしばしば行なわれていたため、ムハンマドはムスリムにもこの処罰を適用しようと言ったと『ハディース』にある。だが、これが法令化されたのはムハンマドが死んで、女性にきびしいことで有名だった第二代カリフ、オマルの時代になってからだった。

今日のイランでは、石打ちの刑に処せられる男性は腰まで、女性は胸まで土に埋められ、投げる石の大きさにはこまかい規制があって、死に至るまでの時間がお慈悲で短くなることも、反対にむやみに長引かせることもないようにとの配慮から、直径が二十五センチを越えるような大きな石や、小石は使ってはいけないことになっている。

これほどひどい死なせ方はないように思われるのだが、ホモセクシュアルに対する刑罰はもっと残酷である。二人とも既婚者である場合には火炙《ひあぶ》り、もしくは高所から投げ落とす。未婚である場合は、未成年以外は、男色を受け入れたほうは処刑、行為者のほうは百回の鞭打ちに処せられる。処罰法が違うのは、ムスリムは男の女々しい行為を嫌悪するからである。女性の同性愛者については、両方とも独身ならば百回の鞭打ち刑、既婚者ならば石打ち刑とされるようだ。

「なぜイスラーム教では姦通、ホモセクシュアル、レズビアンについてこれほどきびしいのか？」という疑問に対して、ヴァンクーヴァー・イスラーム教育財団の宗教学者モハメド・リズヴィー師はこう答えている。

「イスラーム法では罪悪感なしに合法的に性的欲望を充足させることを認めていないのなら、こうした刑罰は非常にきびしいと言えるだろうが、性的本能を満足させる方法を合法的に認めているのだから、逸脱行為に寛容でないのは当然である」

だが、性的犯罪の処刑や鞭打ちは、通常、被疑者が容疑を認めた場合に限られる。その他の方法で有罪の確証をえることは現行のイスラーム法ではほとんど不可能に近い。なぜなら、イスラーム法では、性交の現場を見たと証言できる四人の男性の証人（女性の証言は男性の半分しか認められていないので、例えば男性が三人と女性二人の証人も有効）が必要だからである。犯罪を立証するために定められた数の証人を揃えずに告訴すると、逆に中傷罪が科せられ、八十回の鞭打ち刑に処せられる。

だが、女性の場合はそうした規制のいずれも適用されないことがよくある。事件が裁判に持ち込まれる前に被疑者の処刑が行なわれてしまうのである。

第5章

男の誇り

砂漠が生んだ男の誇り

今なお残る女児の割礼

一九九二年夏のある日、ロンドン郊外の自宅でスーダン人女性が同国人の夫に包丁で刺されて死亡した。死んだ女性はスーダンの宗教指導者《イマーム》の娘だった。

冷たい雨が降り続くようになったその年の冬、ロンドンの中央刑事裁判所《オールドベイリー》の小法廷で始まったこの事件の裁判に毎日足を運んで取材した「ウォールストリート・ジャーナル」紙の女性記者ジェラルディン・ブルックスによると、事件の顚末は次のようなものである。

もうじき夕食という時刻に、夫のオマルはヴィクトリア朝風の瀟洒な自宅のキッチンで妻アファフを刺し、血の滴る包丁を片手にもったまま電話のあるところまで歩き、受話器をとって同じスーダン人の親友に自分のしたことを打ち明けたあと、警察を呼んだ。

傍聴席にはスーダンから飛行機でやってきた被告の兄弟が夏服姿で震えていた。妻の知り合いだったという近所の人たちは、きちんとした身なりの若い母親たちで、被害者とはＰＴＡの集まりや、週日に郊外の園芸センターにいっしょに出かけたりする間柄だった。厳格なことで知られるロンドンの中央刑事裁判所《オールドベイリー》が被告をどう裁くのか、不安そうな面もちの彼女たちは、この静かな樹木に囲まれた住宅地になぜそうした事件が起こったのかを知ろうとして熱心にメモをとっていた。訴追人が凶器とされたサバティエ社製の上等な料理包丁を取り上げ、それが被害者の胸部と腹部を五回刺した時の傷について病理学者に訊ねたとき、女性の一人はペンを置き、たまりかねてすすり泣きし始めた。

裁判の争点は、被告による故意の殺人か、あるいは被告弁護側が主張するように、妻の浮気を知って抑鬱状態にあったための一時的な心神喪失によるものかに絞られた。被告は事件当日の朝、妻が英国の裁判所から、夫が子供たちをスーダンの自分の家族といっしょに住まわせるために連れ去るのを差し止める命令書を受け取ったのを知ったのだった。

西欧の陪審員の感覚としては、時の弾みで逆上して正気を失った結果、犯した罪であるならば納得ができる。だが、イスラーム世界の女性たちのあいだで長く生活したブルックス記者の説明によれば、動機は一族の面子を保持するための故意の殺人だった可能性があり、もしそうならば、英国の法律では終身刑に処せられるはずだという。

ブルックス記者がふとそう思ったのには理由があった。毎朝、警察の護衛官に守られて法廷に出頭するオマルの姿は陪審員席からは見えないが、彼女や被告の兄弟たちのいる上階の傍聴席からはよく見える。被告はいつも、兄弟たちの席のほうを見上げて握りしめた拳を振り上げ、傲然とＶサインを送っていたのだ。被告席に着くまでの彼の足どりは意気揚々としていた。

アファアフの死亡時の年齢は三十八歳。まだ十五歳にもならないうちに、親たちの決めた身内の三十歳を越えた男性オマルと結婚させられた。オマルが夫であるだけでなく、身内の人間だったことが、この事件を解く大事な鍵を握っていたと言えよう。スーダンでは男性にとって身内の女性の不義は、最大の屈辱であると考える風習があったのだ。

アファフは自分に与えられた人生の大半を、ほとんど何一つ自分の意志では選べなかった。スーダンでは昔から行なわれていたクリトリスを切除するという「女性の割礼」を受けさせられ、個人的にはほとんど知らないに等しい男性と結婚させられて、故郷から数千キロメートルも離れた言葉もわからない大都市に連れてこられた。

「女性の割礼」とは、イスラーム教はおろか、キリスト教も勃興する以前からアフリカで行なわれている風習で、六歳から八歳くらいの女児のクリトリスを切除したあと、尿路と経血が辛うじて通じる隙間を残して女性の性器を縫合してしまう処置である。結婚の初夜に夫がそこにナイフで切れ目を入れるが、それまでは女性は性行為に及ぶことができず、また、クリトリスがないために性交による快感を感じにくくなるので、性欲に溺れることがないと考えられてきた。

麻酔薬や消毒薬もなく、便利な器具もなかった時代には、助産婦や施術師が少女を人目につかない洞窟や納屋などに連れて行き、石や貝殻を鋭利に削ったものでこの処置を行ない、傷が癒えるまで水分や食事は最小限にとどめて下半身を砂の中に埋めるなどして固定した。出血多量や、その後の感染症で死ぬ子供もあり、生き延びても、尿が出にくいために腎臓病や尿毒症になったり、難産になるケースもあり、女性の健康のためによくないとして、今では法律でこの習慣を禁じている国が多い（最近の論争については「エピローグ」で述べる）。だが、曾祖母も祖母も母もそうしてきたのだからと、現在でもかたくなにこの習慣を実行している人たちも少なくない。『コーラン』に書いてあるから（実際には『コーラン』にも『ハディース』にもいっさい言及はない）と年配女性や村の長老に言われて、女性たちは黙って従ってきたのだ。

イスラーム文化は恥の文化

アファアフは、オマルが博士課程で勉学中、ロンドンでいっしょに暮らした。一九八五年、夫は英国では学者のポストに就けなかったため、サウジアラビアで働き始めた。英国に残ったアファアフは、一年のうち十カ月を一人で四人の子供の世話をしながら暮らしていたが、やがて事務職について働きながら高校を卒業し、コンピュータ・コースを修了。さらに社会科学の学士号に挑戦し始めた。

明るく気さくで大柄な彼女は、あまり打ち解けたがらない英国人の殻を破って、上手に友だちを作った。宗教的規律の厳格なサウジアラビアから年に一度だけ戻ってくるオマルにしてみれば、開放的な妻の暮らしぶりに心穏やかではなかった。彼はアファアフの親しい友人たちの一部に反感をもった。とりわけ向かいに住む未婚のカップルは、子供たちの教育上よくないと気がかりだった。

長い別居が度重なるにつれて、アファアフのほうもおとなしい若妻から、夫に依存しない、教養ある女性へと変身したことが、もともと脆弱だった結婚の絆をほつれやすくした。一九八七年、二人はベッドを共にすることをやめた。だが、アファアフは離婚を求めるのをためらった。イスラーム法では妻のほうに子供の養育権はないので、オマルが子供たちをこっそりスーダンに連れ帰ってしまうことを恐れたのである。

その頃、職場の同僚で離婚者のアンドリューという長身で茶色の髪の男性と愛し合うようになった。最初のうち、彼女は付き合いにも距離を置いていたが、やがて彼は職場でばかりでなく、家庭のことも何かと助けてくれるようになり、長年オマルが不在のためにたまっていた男手の必要な雑用を片づけたり、荒れ果てたままになっていた部屋を修理したりしてくれるようになった。英国の法律では、母親の養育権は保護されるはずだと説明してくれたのもアンドリューだった。そこで一九九一年一月に彼女は夫に離婚を求める手紙を書いた。

オマルは同意した。だが、その後帰宅してみると、アンドリューが自分の家に出入りしていて、しかも、ある日、サンルームの塗り替えをしていて遅くなった日に泊まっていったことを知った。近所の人たちがそれを目撃したかも知れないと思ったオマルは激怒した。

法廷で語ったところによれば、彼の最大の関心は、男の訪問が内密ではなく、おおっぴらに行なわれたのではないかという点にあった。なぜなら、アファアフと他の男との関係が公になれば、彼の一族の面子にかかわる問題になるからだった。法廷でのアンドリューの証言によれば、オマルは彼が自宅以外のところでアファアフと会い、詮索好きな近所の人たちの目に触れないなら、二人の逢い引きに反対はしないと言ったという。

事件当日、オマルが単独で下の二人の子供を連れて外出する権利があるかどうかについて、彼が子供を連れ去るのではないかと恐れたアファアフとのあいだに、長々ととげとげしい議論が行なわれなかったら、彼女は生き長らえてオマルと離婚し、自分の選んだ男性と再婚していたであろう。失意と怒りでいっぱいになったオマルは同じスーダン人の友だちのところへ行くと、すっかり取り乱して、妻の不義への猜疑心を打ち明けた。

法廷に証人として呼ばれたその友人は、オマルの話を聞いて、自分も涙をこらえきれなかったという。オマルの屈辱感がどれほど深いものか、同国人としてよくわかったからだ。ところが、その涙がアファアフの死を招いた可能性がある。

オマルは西欧で教育を受けたインテリだから、妻の男性関係が人知れずこっそりと行なわれていたなら、自分が背負っているイスラームの社会通念に打ち勝つことができたであろう。だが、友人に知られてしまった以上、古来のしきたりどおり、不面目は血の成敗によって払拭するしかない。オマルが妻を刺してから最初に電話をしたのが、医師でも、救急車でも、警察でもなく、この友人だったことは、殺人の動機がなんであったかをもっとも雄弁に物語る。だが、訴追人はそのような関連づけはいっさい行なわなかった。

その週の終わりに、陪審員は一時の激情による殺意なき殺人と判断し、オマルには禁固六年が求刑された。この小法廷に提出された事実からは、それ以外の評決が出される可能性はほとんどなかった。欠けていたのは証拠ではなくて、オマルが生まれ育ったスーダンと、一年のうち十カ月を仕事のために滞在していたサウジアラビアに浸透していたイスラーム法にこじつけた社会通念や思い込みに対する理解だった。

陪審員を務めたごく普通の英国人の文化にも、社会経験にも、この事件が〝面子保持のための殺人〟だったことを理解できるような素地はなかった。だが、この事件からほどなくして発表された家庭内暴力に関する英国の研究によると、ムスリム社会の出身者、生活者であった男性と結婚している女性は、英国の他の女性よりも八倍も配偶者によって殺害される可能性が高いという。だが、検事も、判事も、陪審員も、実態の把握が不十分なまま、自分たちのものさしでこうした犯罪を処理しつづけている。

面子保持のための殺人

もう一つ世界の注目を浴びたのは、サウジアラビアのプリンセス、ミシャイル・ビント・ファハド・ビン・ムハンマドが、一九七七年、ジェッダで処刑された事件である。それをひそかに目撃したサウジ在住の英国人がいて、のちに「あるプリンセスの死」というタイトルでドラマ化された。それが英国で放映されると、ハリド国王は激怒して英国駐在のサウジアラビア大使を召喚し、サウジアラビア駐在の英国大使を国外追放、英国商社との数百万ポンドに相当する契約をご破算にした。これにより相当数の英国人が仕事を失うなど、一時は両国間の外交問題にまで発展した。アメリカでもＰＢＳがそのドラマの放映を計画していたが、スポンサーの一つである大手石油会社が中止を要求した。

ミシャイルの従姉妹で王室のさまざまな行事で彼女と同席したことのあるサウジアラビアのある王女がこの事件について語っているところによれば、ミシャイルは身内の間では奔放な女性として知られていた。その理由は、若い彼女がひどく年の違う老人と結婚させられていたからではないかと推測している。満たされない日々にうんざりした彼女は同じ王族の青年ハリド・ムハッラルと熱烈に愛し合うようになった。二人の道ならぬ恋についてはすでに内輪の噂話になっていたが、いよいよ隠し通せなくなったため、命がけで国外逃亡を企てたのだという。

ミシャイルは家族に、紅海沿岸の一族の専用ビーチに泳ぎに行くと言って家を出て、浜辺に着替えた衣服を残したまま、水泳中に行方不明になった。しかし、家長の祖父プリンス・ムハンマドは彼女が溺死するはずはないと直感して、ただちにあらゆる逃走経路に警戒指令を出し、ジェッダのホテルに恋人と数晩宿泊したあと、男装して出奔しようとした彼女を空港で取り押さえた。祖父は、国王から温情的措置をとるようにとの言葉があったにもかかわらず、ミシャイルに目隠しをし、恋人の目の前で銃殺隊に射殺させたあと、男性を斬首させた。処刑は既婚婦人の不義に対するイスラーム法に則った措置だとされ、だれも犯罪として取り沙汰する人はいなかった。

ハリド国王はしかし、二人がレバノンのアメリカン大学に留学中に知り合って恋に落ちたことからこの事件が起こったことを重く見て、女性は男性家族の同伴なしに旅行してはならないという布告を出し、さらに女性の海外留学を禁止した。

「お父さん、お兄さん、私を殺さないで」

こんな例もある。一九九一年十一月、イスラエルに住むアラブ人の町ラムレで、盗難車に既婚男性といっしょに乗っていたアラブ人の十六歳の家出少女がイスラエル警察の検問に引っかかった。

少女は警察官に、親にはどうか知らせないでほしいと懇願した。知られたら殺されてしまうからという。だが、イスラエルの警察官はそれを無視して親に電話をかけ、「娘さんを保護していますが、大変怯えているので、ひどく叱ったりしないように」と約束させ、家族はもちろん、そんなことはしないと言ったので少女を家に帰した。それからまもなく、彼女は遺体で発見された。

パレスチナでは、毎年約四十人の女性が、婚前もしくは婚外性交は身内の恥だとして、父親もしくは兄弟の手で殺害されている。殺害の大半は、あまり豊かでない、人里離れた村で起こり、手足を縛って車に乗せ、それに火をかけるなど、事故死を装いがちだ。だが、地元では通常、殺害者は家族の面子をつぶした者を成敗する義務を果たしたとして英雄扱いされ、殺人事件として刑事訴追されることはめったにない。

　明日はわが身とおののく女性たちは、ただ黙って耐えているわけではない。イスラエルの市民権を持つアラブ人女性タマムは、貧しく、教育のない庭師を父にもつ二男五女の末っ子だった。このようなアラブ人の家庭では、父親の権威は絶対で、兄弟を含めた一家の男たちは、一生涯自分たちの家族の女性を守る責任があり、そうした家族の面子がつぶされるようなことがないように、片時も気を許さず、番犬のように一家の女たちを見張っている。

　タマムは学校を出るとすぐ、住み込みの養護学校教諭になって家を離れ、のちに看護婦の資格も取得した。イスラエルでは、こうしたイスラーム教徒による〝面子保持のための殺人〟も殺人事件として警察が関与し、新聞に報道されることがある。前述の事件を新聞で知ったタマムは、数人の友人たちと週に一度集まって、女性問題関連の本を読んだり、アラブ人女性とムスリム社会の問題点を話し合ったりするようになり、多くのムスリム女性たちの導灯になることを夢見て「アル・ファナル」(灯台)という名の小さなグループを立ち上げた。

　彼女たちは、「お父さん、お兄さん、私を助けて。私を殺さないで」と書いたプラカードをつくり、知っている限りのアラブ人女性グループに支持を訴えた。だが、あまり手応えはなかった。ヨルダン川西岸地区のパレスチナ系の新聞はどこも、アラブ社会に批判的なことを書けばイスラエルにプロパガンダに利用されることになりかねないとして、この問題を取り上げなかった。西岸地区の女性グループは、女性の権利の問題を取り上げるより、イスラエル支配からの独立闘争のほうが先だと主張した。アラブ系イスラエル人の政党も、有権者を敵に回したくないという態度が見え見えだった。

タマムと十数人の友人たちが募金をして、アラブ系イスラエル人の新聞にデモ行進の実施広告を掲載すると、たちまち嫌がらせや脅しの電話が殺到した。電話をかけてきた人たちは、彼女らを〝娼婦〟呼ばわりし、『コーラン』の一節を引き合いに出して、男性は一家の女性の面倒を見ることになっているのだから、これに反発するのは異端者であると詰《なじ》る者もいた。デモなど行なえば、お前たちも新聞沙汰になった少女のような目に遭うぞ、と脅す人もいた。

それでも、月曜日の午後、ナザレの町の目抜き通りのデモ行進には四十人あまりの女性が参加した。見物人のなかには彼女たちを敵視する者もいたが、支持者もいた。

「売春婦！」などの侮辱的な言葉を浴びせかける人もいたが、年配の女性や、数人の男性まで自発的に参加してくれた。これに勇気をえて、タマムらは離れた村々にも足を延ばし、〝面子保持のための殺人〟ばかりでなく、本人の意思を無視した結婚の強要、悪質なゴシップを流すなど、狭い村の中で女性の行動を制約することに抗議するチラシを配って歩いた。彼女たちは、男性が働きに出ている可能性が高い時間帯を選んで村を訪問した。そうでないと夫が入り口に出てきてチラシをひったくり、妻や娘の目に触れないうちに破り捨ててしまうに違いなかったからだ。

「アル・ファナル」の活動はやがてイスラエルの新聞の注目を引いた。女性たちは喜んで取材に応じたが、やがて発表された記事を見て当惑した。それは「なんて後進的なアラブ人、自分の娘を殺すとは。なんて後進的なムスリム、それに抗議する女性たちを攻撃するとは」という見出しで、タマムはまるで反アラブ・プロパガンダに利用されているように感じたという。

彼女は取材にきた記者たちに、「あなたはアラブ人女性離れしていますね」と言われてがっかりした。ユダヤ人に、アラブ人はこうだと決めつけられたあげく、あなたは違うと言われて不愉快だった。

ユダヤ人の報道関係者に注目されたことは、イスラーム原理主義者たちの巻き返しを強化しただけだった。彼らは「アル・ファナル」の女性たちを〝売春婦〟と呼ぶだけでなく、〝裏切り者〟と非難し始めた。やがて彼女たちは、口汚く罵られたり、さらに悪いことに、まったく無視されたりするので、村へは行けなくなった。村の女性たちまでが、彼女らを自分たちとはなんの関係もないよそ者のように扱いだした。「アル・ファナル」のメンバーは、自分たちの文化を知っていると思っていたのに、単に一部の女友だちを知っていたにすぎなかったのかとがっくり肩を落とした。村の人たちは、「アル・ファナル」の活動家たちを、「自分たちで世の中を変えられると思っている売春婦ども」と嘲笑《あざわら》うようになった。

「アル・ファナル」のグループ内では、今後の戦術やアプローチの仕方などをめぐって議論がつづいたが、しまいには仲間割れし、設立後二年で事実上、解散した。社会も受け入れ態勢ができていなかったし、自分たちもまた、時期尚早だったと痛感した。

だが、彼女たちは少なくとも精一杯努力した。独立したばかりのアフリカ北東部のエリトリア（元エチオピアの一州）では、助産婦がイスラームの教えにこじつけられやすい「女性の割礼」（クリトリス切除）による被害の修復を行なうようになった。多くの良識あるムスリムは〝面子保持のための殺人〟や〝クリトリス切除〟はイスラームの教えではなく、その地域の民族文化に由来する風習で、イスラームの信仰とは関係がないと明言している。

自分の女は自分で守る

すると女性を家族のなかに囲い込んで、家長に絶対的服従を強いるような風習は、どんな民族文化のなかで生まれてきたのであろうか？

今日、中近東と呼ばれている地域を中心に古い時代にまで遡ってみると、古代オリエントや地中海沿岸地方には、豊穣を祈るということに発するような地母神信仰、さらには美の女神の信仰というものがあって、女性を繁栄のみなもととして崇める風習があった。バビロニアのイシュタール、エジプトのイシス、フリュギアのキュベレー、ギリシアのアフロディーテに共通して出てくるのはこの地母神信仰である。世界的に見て、人間が神頼みする相手は女性のほうが多かったのではないだろうか。

イスラーム勃興以前の古代のアラブ社会ではまた、女性は特殊な能力を持つ存在と見る傾向があり、一種の呪術師、あるいは巫女さんが多かったことが知られている。第1章で述べたように、「シバの女王」やパルミラの女王ゼノビアのように、大きな権力をふるうことのできた女性もいる。それがキリスト教、イスラーム教という一神教の普及で、「神」は男性でも女性でもない存在と考えられるようになり、しかも神はアダムを先にお創りになり、その一部から女性を創ったという解釈から、男性を優位に、女性を従属的存在として見るようになったとも言われる。

しかし、男の面子にかけて自分の一族の女を守るという風習は、イスラーム以前からアラビア半島やアフリカなど、一部の地域の慣行であったことが知られている。部族ごとに移動する遊牧民や、キャラバン隊を組んで始終移動している商人は、絶えず襲撃され、その際、捕虜となるのは多くの場合女性と子供だった。自分が守るべき一族の女性が捕らえられて陵辱されることは、男性のプライドの中でもとくに「イルド」(守るべき女性に恥をかかせない徳目)を痛く傷つける行為だった。

もしも一族の女性が他部族に奪われたら、逆襲するか、金銭を払うかして、なんとしてでも取り戻さなければ男の面子はつぶれてしまう。敵もそれを知っていて、相手部族の女性を奪ったことを公にすることで相手を打ちのめす。それを避けるため、一族の女性が人目につかないように気をつけ、見張りを厳重にする風習があった。

第6章

女性隔離《パルダー》の風習

トルコのトプカプ宮殿に再現されたハレム

「ハレム」――出入り禁止の場所

女性隔離（パルダー）の風習は、遊牧民のテントや、一つ屋根の大部屋で家族が暮らすような住居形態で、既婚女性の寝起きする一角を帳《とばり》か衝立のような物で仕切る習慣から始まったものである。やがて大きな建造物の一部が女性区画、あるいは婦人棟として使われるようになり、宮廷ではそれが後宮《ハレム》にまで発展した。

「ハレム」の原義は、「美女をたむろさせておくところ」ではなくて、もともとは「禁忌」を意味する。夫以外の男性は既婚婦人には手出しをしてはいけないし、夫と二人の寝所に無断で入ったり、のぞいたりしてはいけないというごく常識的な風習から生まれたものである。

「ハレム」はアラビア語の「ハラム」のトルコ語訛りで、アラビア語の原義には「神聖にして犯すべからざる」という意味合いがある。イスラーム教徒の聖地メッカのモスクは「アル・ハラム・モスク」（神聖なモスク）と呼ばれているし、預言者ムハンマドが馬に乗って昇天したと言われる岩を覆うように立てられたエルサレムの有名な金色の丸屋根の「岩のドーム」やアル・アクサ寺院の建っている丘は、「ハラム・アッシャリフ」（崇高な聖域）と呼ばれている。

また、ベドウィンをはじめアラビア半島のアラブ人は、結婚した女性のことを、神聖にして犯すべからざるものとして、「ハラム」と同じ語源の「フルマ」（単数形）と呼んでいる。その複数形が「ハリーム」で、神聖、尊厳、不可侵という意味から転じて「既婚婦人」という意味になった。ベドウィンのテント内の一角から、大宮殿の婦人棟にいたるまで、普通、男女のいとなみが行なわれる女の部屋、それを含む居住区一帯を「ハラム」と呼ぶ。

日本ではトルコ語訛りの「ハレム」のほうが耳になじんでいるが、「後宮」という訳語は中国語から入ったもので、昔の中国の皇帝が政治を行なう外朝、つまり前殿とは厳重に区別された、うしろ側にある皇后や妃などが起居するプライベートな居住区のことを「後宮」と呼んでいたことから、「ハレム」の訳語に当てられるようになったと思われる。

日本でも、平安京の内裏《だいり》の見取り図によれば、天皇の住む仁寿殿《じじゅうでん》の後方にある皇后や女官らの住む奥向きの殿舎のことを「禁裏」、「禁中」などと呼んでいたのは、同じ概念を示すものであったろう。

江戸時代には、将軍、大名、旗本の屋敷のなかでは、主人の居室を「表」、妻妾の居室を「奥」と称していた。幕府の江戸城の本丸には、将軍の政務のための「表」と、面積の五五パーセントを占める「大奥」があり、そこには将軍夫人（御台所《みだいどころ》）の居室と夫人が将軍と生活をともにする寝所があった。盛時には、乳母や下働きの女中などを含め、千人前後の女性が暮らしていたというから、中東人から見れば、「江戸大奥」はまさに「ハレム」である。「表」と「奥」の間は、「お鈴廊下」という二本の通路で連絡される以外は隔絶されていて、将軍以外は男子禁制だった。所帯が大きくなれば必然的に全体を取り仕切る役柄の人物も必要になり、春日の局のように、政治的な影響力をもつ女性が登場するのも、古今東西変わらなかったようだ。

「ハレム」は旧約聖書にも

このように、男性居住区と女性居住区を分けるという風習は、イスラーム勃興よりもずっと前から、中東にもアジアにも宗教には関係なく存在していたことがわかる。

はっきりと「ハレム」の存在を示す古い記録の一つに、旧約聖書の「エステル記」がある。これは、今のインドからスーダンまで百二十七州を支配していたペルシアのクセルクセス王の時代というから、紀元前五世紀頃のことだ。栄華を誇る王は、治世の第三年目にそれを臣下の者に示そうと、連日、大臣、家臣、貴族、諸州の高官たちを招いて酒宴を催した。ある日、上機嫌になった王は王妃ワシュティを召し出して、その美しさを列席の民に見せびらかそうと思い立ったが、ワシュティはその命令を拒んだ。王は腹をたて、「今後、ワシュティが王の前に出ることを禁じ、王妃の位は、より優れた他の女に与える」という布告を出した。

そこで、イラン南西部の要塞の町スーサにあった王の宮殿の後宮《ハレム》に、大勢の娘たちが集められた。その中に、百年ほど前のバビロン王ネブカドネツァルによってエルサレムから連れてこられたユダヤ人の捕囚民の血筋を引くエステルという美しい娘がいた。

ハレムの長《おさ》に預けられた娘たちは通常、最初の六カ月間はミルラ香油で、次の六カ月間は他の香料や化粧品で容姿を美しく磨き上げてから、順番に王のもとに召された。娘は夜行き、朝には帰ってくるが、その後は王から名指しで呼び出されるのでなければ、だれも再び参上することはできなかった。美しいばかりでなく、聡明でもあったエステルは、王の寵愛を得て王妃となった。このエステルの機転で、クセルクス王国にいる迫害されていたすべてのユダヤ人が安らかに暮らせるようになったという。

一夜ごとに妻を代えたという類似点から、このエステルが『千一夜物語』の語り手シャハラザードのモデルであるとする説もある。その『千一夜物語』の中には、「オマル・ブヌ・アン・ヌウマーン王とその子達の物語」という長編がある。イラクを中心に西はマグリブから東はアフガニスタンあたりまで支配したイスラーム興隆期のアッバース朝時代のカリフや貴族たちのハレムの情景を描いた物語で、当時のバグダードの宮廷には、一年の月数に従い十二の宮殿があり、各宮殿には三十の部屋があって、合計三百六十の部屋にはそれぞれ一人ずつの側室が住み、王は各側室に年に一夜のみを割り当てていたという。

現在は博物館になっているトルコのイスタンブールのトプカプ宮殿には、それほど大規模ではないが、後宮《ハレム》の一部が復元されていて、ハレムとはどんな構造になっているのか垣間見ることができる。

王族や貴族の住んでいた小宮殿も、小宮廷よろしく「ハレムルク」と呼ばれる婦人棟に夫人と幼い子供、女官や家事を手伝う女奴隷らが住み、「セラムルク」と呼ばれる接客用の広間などを含む男性棟とは廊下で仕切られ、婦人棟の扉の前には二人の宦官が常時しっかり見張っていた。

子供は七歳までは婦人棟で育てられるが、それ以降は、男の子の教育やしつけは夫の手に委ねられる。女の子は十二歳になると、この婦人棟から外に出るときは、裾長のフード付きレインコートのような「チャルシャフ」という丈長外衣を着用するのが決まりだった。

オスマン帝国末期には近代化運動が台頭して女性の解放が叫ばれ始め、一九二三年にトルコ共和国が宣言されると女性の服装規定は廃止されたが、婦人たちの中にはかえって戸惑う人たちもいたようだ。現在でも保守的な地方の町ではヴェールを被っている年配の女性は少なくない。

その傾向は東へ行くほど強く、娘は年頃になったら外には出さないという伝統を守って、年頃の娘がいるので、よい縁談があったらよろしくという合図に、屋根の上に牛乳瓶のようなガラスの空き瓶を立てておくという風習を今も続けている人たちがいる。

イランでは、宮廷の後宮《ハレム》に当たる婦人、子供用の居住部分を「アンダルーン」(「内部」、「内側」の意)と呼び、男性の来訪者は入れないか、入るにしても付き添いの女性の監視下に置かれる。住まいの表側の入り口近くにあって男性が訪問客を応接する公的な部分を示す「ビルーン」(「外部」、「外側」の意)とは物理的に分離されている。

インドでは、女性隔離の風習自体を「パルダー」と呼んでいる。「パルダー」は字義通りの意味は「カーテン」とか、「帳《とばり》」のことである。昔は布一枚で、男女の居住区を分けたことから来ている言葉だが、のちには貴婦人が汽車に乗るときなど、カーテンを下ろした馬車や車で駅舎の入り口まで来て、そこからプラットホームの乗降口に至る通路に仕切り幕を張って、一般乗客の目に触れないようにした。映画館などの公共的な施設では、たいていの場合、別な入り口から入った階上に女性専用席が設けられており、柱と柱の間にすかし格子《ムシャラビエ》が嵌められていて、女性のほうからは見えるが、外から女性席のほうは見えないようになっていた。

いわゆる後宮《ハレム》に当たる建物あるいは建物群の中の女性区域、もしくは婦人棟のことをインドでは「ザナーナ」と言うが、これはペルシア語の「婦人」を意味する「ザン」から派生した言葉である。インドのイスラーム王朝文化は、イランからムガル帝国へと伝えられたためで、高度に洗練された支配階級のものだった。

「ヴェール」は女性差別の象徴か？

「後宮《ハレム》」や「婦人棟」が固定的な女性隔離形態であるのに対し、「ヴェール」に代表される被り物、もしくは外衣は移動式女性隔離装置であって、女性はやたらに手を触れてはいけない神聖な存在という概念から出発した点は同じである。

顔や姿かたちを安易に人目にさらさないようにする習慣もまた、イスラーム以前から中東諸国だけではなく、他の地域にも広く認められていた習慣だった。

たとえばイランでは、全身および身体の一部を覆う物を総称して「ヘジャーブ」というが、原義は「カーテン、ヴェール」を意味するアラビア語起源の言葉である。イラン文化の研究者吉枝聡子さんによると、イランにおける「ヘジャーブ」の起源は、アケメネス朝（前五五〇～前三三〇年）期に遡るとされ、当時の貴族階級の女性は常にヴェールを隔てて他人と接するのが一般的だったという。

このように、女性のチャドルは、一部の上流階級の貴婦人たちが、一般庶民から自らを隔離するためのステータス・シンボルとして使用されてきた。今日、女性の「美しいところは人に見せぬよう」という『コーラン』の一節の拡大解釈によって正当化されているイランの服装規定は、こうした社会的素地の上に受け入れられたもので、貴族階級固有の習慣だったチャドルの着用が、徐々に庶民の間にも浸透するようになったのは、イスラーム期に入ってからだという。

しかし、チャドルを被ったりしていては農作業などはできないので、農家の女性たちは働きやすい服のうえに下半身だけエプロン代わりにチャドルを巻きつけ、頭には四角いスカーフを半分に折って被っているだけだ。遊牧民の女性もロバに乗ったり、絨毯織りをしたりしやすいように、長袖上着に、襞の多いスカート、髪は隠すというより、風に吹かれて乱れたり、埃で汚れないように、頬被りの感覚でスカーフを被っている。どちらもいわゆる家族労働だから、あまり見知らぬ男性に見られないようにという意識は乏しいのだろう。

サウジアラビアとは違って、イランではレストランの席や、利用できる銀行まで男女別だったり、女性を取り扱う職種以外には女性の就業を禁じたりはしていない。女性がイスラームの服装規定をきちんと守っていれば、イスラーム教徒としてのつつしみを大切にしていることの証《あかし》になるから、親や夫も女性の外出にそれほど目くじらを立てない。チャドルを着ている女性を強姦したり、性的悪戯をしたりしたときの罰は非常に重いから、女性としては、これを着ていれば安全でもある。

見られる存在から見る存在へ

一般的に女性は、黒のイスラーム・コートの上から、同じ黒のチャドルを被っている人が多いが、バス停などで黒いカラスの群れのようにこうしたチャドル姿が並んでいても、異性として男性の目を引くことはないから気楽である。チャドルの下に何を着ていてもわからないので、貧富の差も、美醜も隠すのに都合がよい。逆に、それぞれ違う身なりをしている男性のほうが、女性から観察されているようだ。女性が「見られる存在」でなく、「見る存在」であることは、むしろ、女性の主体性を強くしているようにさえ感じられる。

「服装で個性を表現できないのは、女性としてはつまらなくありませんか?」とイラン人女性に訊いてみた。すると、「イスラーム服もいろいろ工夫できるのよ」と教えてくれた。第一に、色もカラスのように真っ黒ばかりではない。微妙に色目の違うグレイやベージュ、紺色系はもちろん、テヘランの山の手のブティックなどにはパステル・カラーのすてきなイスラーム・コートと、それにマッチしたマグナエ（御高祖頭巾《おこそずきん》様の被り物）がショーウィンドーに飾られている。イスラーム服の素材やデザインもさまざまで、襟の形や袖の折り返し、前立てもシングルとダブル、ボタンにいたっては非常に凝ったものが単調になりがちな服にアクセントをつけている。マグナエやスカーフも粋に被るには工夫が要る。地味な色のイスラーム服の胸元にちらりと見える金のペンダントは、装飾品が少ないだけにきらりと光って美しい。

「女性の容姿やファッションなど、見て楽しむことができないのは残念ではありませんか？」とイラン人の男性に訊いてみたら、「いいや、女性の魅力は〝見た目〟ではなくて心です。イラン人女性はやさしくて、情がこまやかです」と即答されて、ドキッとした。

女性がヴェールを着用する国では、イスラーム・ファッションはなかなか儲かる産業であるようだ。カイロにはイスラーム服だけを売っている三階建てのサラーム・ショッピング・センターがあり、イスラーム服の着用年齢になった女の子が手始めに身につける基本的なスタイルから、次第に洗練されたファッションへと選んでゆけるようにディスプレイされている。値段のほうも、尼さんのような黒の標準的なイスラーム服とチャドル一式はせいぜい十ドル前後だが、イスラームの服装規制の条件を満たしながら、模造ダイヤモンドをちりばめたり、肩パッドを入れたファッション性の高いおしゃれ着は公務員の平均月収の三、四倍はする。

中東のパリと呼ばれ、イスラーム国からの旅行者やビジネス客が多いレバノンの首都ベイルートには、この成長産業に目をつけたイスラーム原理主義組織「ヒズボラ」（神の党）が経営する、しゃれたイスラーム服の生産工場がある。

ヴェールの政治的効用

政令でヘジャーブなどのイスラーム的服装の着用を義務づけられることに反発する女性たちももちろんいるが、逆に近年、服装規制を撤廃している国や、あるいは公の場に宗教色を持ち込んではいけないとして、学校などにヴェールを被ってくることを禁じている国々で、自発的にヴェールを被る人が出てきている。

ムスリムの女性の中には、自分の信仰するイスラームの教えに忠実でありたいという宗教的理由だけで、慎ましやかに振舞うことの象徴としてイスラームの服装規制を守り、ヴェールを被る人もいるが、貧富の差の拡大など、近代化に伴う社会のゆがみ、体制側の腐敗や専制に抗議して、真の平等を旨とするイスラームの原点に還るには、もっと過激な手段を講じる必要があるとして、スカーフで頭を覆うだけではなく、手袋をしたり、顔をヴェールで覆ったりする必要を唱える人もいるという。

イランでも、一九〇五年のイラン立憲革命を経て後宮《ハレム》は廃止され、さらに一九三六年には近代化を推進するパフラヴィー王朝の開祖レザー・シャーによってヴェールの着用禁止令まで出された。この禁止令のために、ヴェールをつけて外出した女性たちが警官にヴェールを剝ぎ取られたり、レストランや劇場などの公共施設への入場を拒否されるという事態になった。

これにはイスラームの伝統を重んじる宗教指導者だけでなく、女性たちの多くが反対した。昔からの伝統的社会通念として、妻や娘が他人にじろじろ見られるのを嫌がる夫や父親が外出をさせたがらなくなったからである。あまり裕福でなく、外出するときの〝ぼろ隠し〟にチャドルやヴェールは好都合だと思っていた女性たちからも不評だった。結局、この禁止令はレザー・シャーが退位する一九四一年に撤廃された。

年配の女性や地方の女性はほっとして昔ながらの服装を続けたが、大都市ではヴェールのない暮らしが普通になり、服装も髪型も流行を追うようになった。独裁者だったレザー・シャーの退位で国民への締め付けは弛緩するとともに、言論活動や政治活動が活発化し、やがて国民戦線が結成されて、石油国有化法案が可決された。しかし、石油開発当時から肩入れしていた英国がこれを承認せず、海外での石油販売を統制している国際石油資本がイラン石油をボイコットしたために輸出ができなくなり、石油収入が途絶えて、瞬く間に経済危機に陥った。そこで新国王モハンマド・レザー・パフラヴィーはアメリカに支援を仰ぎ、反対勢力の一掃をはかりながら、他方でイランを近代国家に改造して行くための開発に次々と着手した。

その一環として、国王は、女性の政治参加なしにはイランの近代化はありえないと宣言して、女性に選挙権と被選挙権を与えたが、宗教勢力はイスラームの女性観に反するとしてこれに強く反発した。しかし、一九六三年九月に実施された第二十一回国会選挙では、イラン史上初めて女性が投票に参加するとともに、六名の女性議員が選ばれ、さらに国王によって女性二名が上院議員に指名された。

新国王の改革政策は、この他にも、農地改革、識字率の普及と、一見、近代化への順当な歩みを示しているように見えたが、農地改革が、宗教勢力にとって長年活動の重要な財源であった宗教寄進財産（ワクフ）にまで及んだため、宗教界から激しい反対の声があがった。

教育を受けて都会に進出して職を得ることのできた中間層と農村の格差は著しく広がり、インフレが貧困層を直撃した。こうした国王の改革を背後で支えてきたアメリカこそが、イランに不幸をもたらした元凶であるという世論が盛り上がり、ついに一九七九年、「被抑圧者の救済」をスローガンにしたホメイニー師によるイスラーム革命が成功した。

女性たちは、「西洋かぶれ」や「イスラームへの蔑視」への抗議の徴《しるし》として、チャドルやヴェールを被って反国王運動に参加した。イラン・イスラーム共和国の樹立後まもなく、ホメイニー師は女性のヴェールの着用を義務付けた。「ヴェール」は西洋的な価値観への挑戦のシンボルになった。

ヴェールは上からの強制であれば圧政のシンボルになるが、自発的な着用であれば、時の権力者の行動に疑義をさしはさみ、必要ならば権力者に反旗を翻すときの鎧にもなるわけだ。

男が女装するとき

チャドル、アバヤ、ブルカなど、移動式女性隔離装置の方法や名称はいろいろあるが、いったん、これに身を包んでしまえば、難なく女性集団の一員になれる。そこで女装して女の中に紛れ込む男性は昔からよくいたらしい。『ハディース』の「衣服」の書にも「預言者は女装する男たちと男装する女たちを呪い」、家から追い出せと命じ、実際にムハンマドはある人を追い出したとある。

女性は一般に婦人棟や女性区域などに隔離されているから、女性の男装は、男性とともに敵から逃れたり、時には駆け落ちする場合など、そこから外へ出るときのカモフラージュだったであろうが、男性の女装は、追っ手がやたらに踏み込めない婦人棟や女性集団に紛れ込んで、姿をくらますのにはまことに都合がいい。

イスラームの世界では昔から、歴史の英雄になりそこなった人の名誉を守るこの上ない手段として、ブルカやアバヤのような衣装で女装させて急場から逃してやる風習があった。

こんな話がある。

第一次大戦末期、ドイツ側について戦っていたオスマン帝国領土の中東一帯での敗北は間近と見た英国は、いずれ連合国側の管理下に置かれるはずの地域の戦後処理に役立てようとして、エルサレム占領寸前の一九一七年十一月、「バルフォア宣言」によって折から台頭しつつあった民族独立運動の一つであるシオニズムを支援しようとした。

当時のエルサレム市は、衰退しかけたオスマン帝国の寂れた地方都市の様相を呈していたが、十九世紀末頃から、まだ大部分が荒地だった郊外地区に入植してくるユダヤ人が少しずつ増えて、人口比は三分の二がユダヤ人、残りがアラブ人（イスラーム教徒もキリスト教徒もいた）だった。数から言えば多数派のユダヤ人を中心にした戦後復興を支援して、町の秩序が回復したら、人口比に見合った代表を選出させて彼らの自治に委ねればよいというのが、この地域一帯を占領した英国の戦後処理方針だった。

　ところが、こうした〝西欧的民主化政策〟はすんなり受け入れられなかった。四百年以上もオスマン帝国というイスラーム王朝の支配下にあったこの地域では、敗戦によってトルコ人役人も軍隊も引き揚げたとはいえ、残されたイスラーム教徒の頭の中には、人口比ではなく、たとえ人数は少なくてもイスラーム教徒を優位とし、ユダヤ教徒やキリスト教徒を一段下の異教徒保護民《ズィンミー》とするイスラーム共同体の統治システムが先祖代々染み付いていたから、平等な権利を持つ者同士が多数決によって異教徒混在の共同体を運営するなど、イスラーム教徒としての誇りが許さなかった。ユダヤ教徒やキリスト教徒と平等扱いされることは、彼らの感覚からすれば、〝格下げ〟されたに等しかったからだ。

「バルフォア宣言」によって勇気を得て、意気揚揚とエルサレムの再建に乗り出したユダヤ人に、アラブ人たちは不安を覚えた。とにかくユダヤ人の入植者数を抑えなければならない。そこでエルサレムのユダヤ人勢力の拡大を阻止しようと、何度もアラブ人の暴動を企て、ナチス・ドイツと組んでドイツがアラブ人を支持してくれるように画策したのが、イスラームの最高法官ハジ・アミン・アル・フセイニーだった。第二次大戦の始まる少し前の一九三七年、その証拠を握って逮捕状を用意した英国委任統治政府の憲兵は、エルサレムの「岩のドーム」にある最高法官の執務室周辺を厳重に包囲した。だが、彼は女装して、参拝にきた女性信者の群れに混じり、まんまとそこから脱出した。

その後、彼はベルリンへ高飛びしたあげく、戦争中ずっと、ありとあらゆる手を使って連合国の勝利の妨害につとめ、ヒトラーよりも三十年も長生きして、自分の故郷をシオニストから救うという任務を天職とし、パレスチナばかりでなく、他のところにいるあらゆるユダヤ人に対する、思いつく限りの殺戮、迫害になんのためらいもなく、いそいそと参加した。彼がバグダードやカイロなどの諸都市に神出鬼没して、長いあいだアラブ人の反シオニスト活動を蔭で操り続けた実情は、英国情報部が彼とベルリンとの間の連絡を無線暗号の解読によって傍受していたことにより、今ではれっきとした歴史の一頁になっている。

このように、激動期にイスラーム世界で女装して包囲網をくぐりぬけた例は枚挙に暇がない。今では、首都や大きな地方都市の空港などでは男女別の厳重な検問所があるが、辺鄙な山中の国境の検問所などでは、ブルカを被った連れの女性が誰何《すいか》されることはめったにない。

同時多発テロ事件から三カ月足らずの二〇〇一年の十二月はじめ、アフガニスタンの国境で、サウジアラビア製の上等なブルカを被った女性数人を連れた男性が検問官に怪しまれたことがニュースになった。その男は、アメリカのタリバン勢力一掃のためのアフガニスタン攻撃で未亡人になった身内の女性が故郷へ帰りたいというので護衛してきたと答えて、無事検問を通過したが、このニュースを聞いたサウジアラビア政府は、それまで同伴女性のパスポートは、名前と同伴者との続き柄だけを記入したものだったのを、急遽、ブルカをはずしたときの写真付きのものに改める政令を出した。ビンラディンなど、一度は国外追放した反体制の人物が女装して再入国することを防ぐ措置だった。

いずれ歴史が証明するであろうが、二〇〇三年初夏の時点で、多大な懸賞金付きのビンラディンやサダム・フセインの行方がわかっていないのは、「歴史の英雄になりそこなった人物の名誉を守るために女装させて逃がす」という古来の風習がまだ生きているからのような気がしてならない。

第7章

女の長風呂「ハマーム」の愉しみ

トルコのハマーム

婿探しから政治談義まで

場所はトルコの首都イスタンブール。時は一九一九年初春。

前年の十月、オスマン帝国は第一次大戦での敗北を認めて休戦協定を締結し、敵に五百年ぶりに占領された首都はただちに連合国軍の管轄下に入れられた。それまでイスラーム王朝の統治下で異教徒保護民《ズィンミー》として二流市民扱いされてきたギリシア人キリスト教徒は、占領国によるオスマン帝国の領土の山分け交渉が始まったのを失地回復の好機と見て、もともと足がかりのあったエーゲ海沿岸の貿易拠点イズミールをわが物にしようと軍を進めた。

これに対し、戦争中、ダーダネルス海峡に侵入してきた英国軍と善戦してひとまずイスタンブールを英国軍から救ったガリポリ戦の英雄ムスタファ・ケマル将軍は、トルコ北東部の町をロシア軍から奪回し、トルコを連合国の思いのままに山分けはさせまいと、アナトリア中部でひそかに義勇軍を募って巻き返しをはかっていた。

権力を失ったスルタンとその一族は、連合国の厳重な監視下でひっそりと成り行きを見守るしかなかった。そんな沈滞ムードを払拭しようと、皇族の一人の女性が〝湯殿《ハマーム》パーティー〟を開いた。ヨーロッパ人が女同士でお茶に招き合うように、友人たちを入浴に招くのだが、女同士気楽にくつろいでおしゃべりできる最高の娯楽として、イスタンブールでは常に人気があった。

オスマン帝国の落日とその後を描いた、ケニーゼ・ムラトの小説『皇女セルマの遺言』にはこんな場面がある。

その日は宮殿の女官たち約三十人が総出で湯殿《ハマーム》の玄関広間に入ってくる客たちをバラの花びらをシャワーのように浴びせながら迎えた。まず丈長外衣《チャルシャフ》を脱ぐのを手伝い、それから湯殿《ハマーム》に隣接する色とりどりの花を飾った更衣室に案内する。そこには奴隷たちがいて、客の髪を三つ編みにして長い金銀のリボンで結び、それを頭のてっぺんに巻き上げ、客の一人一人にすばらしい刺繍を施した腰布《ペシュテマル》を腰から下に巻いてやり、アコヤガイを散りばめた浴室用のサンダルに履きかえさせた。

支度の調った女性たちは、女主人の待っている丸天井の下のゆったりした広間へ進んだ。カルダモン風味のコーヒーをすすりながら、彼女たちはそれぞれが持参した金銀の洗面用具を褒め合った。ハマーム・パーティーは結婚祝にもらったきれいな広口の水差し、香水瓶、薬箱などを見せびらかす絶好の機会だった。

客たちはそれから湯気の立ち込めるいくつかの小部屋へ向かう。それぞれの客に二人ずつ奴隷が付いていて、頭から足の先まで洗ったり、足の先や首の後ろなどをマッサージしたり、除毛したり、香水をつけたりしてくれる。これら三つの大理石の小部屋には噴水が音を立て、最後の一室は向こう側が見えないほど濃い蒸気が満ちていた。女性たちは女同士の気楽さで、相手のウエストをぎゅっと抱えたり、やさしく情愛を込めて抱擁し合ったりし、身体も心も解放されるにつれてハマームには放縦でエロティックな雰囲気が充満してくるのだった。会話もだんだんきわどいものになってゆく。

ある若い女性が自分の夫のことを話し始めた。外務省の高官だというその夫は近代的な感覚の持ち主で、中東人としてはめずらしく、彼女を公式の社交行事にいつも同伴した。ある時、数少ない中立国の一つであるスイス大使主催の晩餐会に同席したことがあった。

「他の女性たちは全部ヨーロッパ人だったわ。みんなエレガントだったけれど、ドレスの襟のくりが深くて、目のやり場に困っちゃった。でも、ホントにびっくりしたのは、向こうの男性がだれもそれに注目していないみたいなの。まるでそんなこと気にしていないみたいに、そういう半裸の女性たちといっしょにいるのよ」

「西洋の男は強烈な欲望がないのよ。だから、あちらの女性は半裸みたいな格好でうろうろできるんだわ」

みんながどっと笑った。

「まあ、あきれた！　こっちの男たちと大違いね、やれやれ！　こっちの男は女の腕や踵を見ただけで興奮しちゃうんだから！」

「ヨーロッパの女性はかわいそうね。きっと不幸に違いないわ！　もし私が彼女の立場だったら、欲求不満で死にそう」

「あの人たちは気にしていないのよ。自分たちは解放されていると思っているんだから。男たちの無関心を、寛大さの現われと思っているのね」

「それって、あの人たちの宗教と関係があるんじゃないの？　イエスは女性を避けて、一度も結婚しなかったでしょ。カトリック教徒は神に一生を捧げて純潔でいることが理想の極致なんですって。だから聖職者は独身なんだわ。若い女性の中にもそういう人がいて、尼さんて呼ばれているのよ」

「一生独身？」

女性たちは信じられないという風にその言葉をオウム返しにつぶやいた。人間とはみな結婚するものと考えるムスリムにとって、それは解せないことだった。

ハマームでは年頃の娘や息子のこともよく話題になる。

「ところでお宅の息子さんはいくつになりました？」

訊かれた相手は、質問者を改めて舐めるように眺めて、そう言えば、この人には年頃の娘さんがいたはずだと思い出す。娘は母親に似ると言うから、この顔立ち、この色艶、ふっくらした体形を二十年若返らせた姿を想像し、性格も母親譲りで気立てがよいなら息子の嫁に悪くない……。

「今度の休みにはギョクス川の舟遊びに行くと言っていますわ」

これでそれとない見合いの段取りが成立する。その日、娘を兄か従兄弟を付き添いにして舟遊びに行かせればよい。男の目印はボタンホールに花を挿しておいてもいいし、女のほうはレースのパラソルをかざしていることにしてもよい。川幅が狭いので、小船がすれ違うときにはすれすれに接近する。男性が女性を気に入れば、ボタンホールから花をはずして、そっと唇に当てる。女性のほうは、氷砂糖のかけらをもてあそんでいれば、「熱烈にあなたに惹きつけられています」という意味だし、プラムをいじっていれば、「お慕いしています」という意思表示。青いシルクのハンカチを握っていれば、「もう首ったけ」であることを示す。もちろん、パラソルの蔭に隠れてしまうこともできる。

〝黄金のバラ〟アタチュルク

先ほどのハマーム・パーティーの場面に戻ろう。

「ねえ、最近のニュース聞いた？」という女性のほうをみんなが振り向いた。

「なんなの？　気になるから言ってよ！」

「〝黄金のバラ〟のことよ。サビハ皇女に結婚を申し込んだんですって」

感嘆の声が連発した。

「なんですって！　スルタンの娘との結婚を？　まさか！」

「絶対間違いないわ。スルタン夫人から直接聞いたんだから！」

興奮が異常なほど高まった。〝黄金のバラ〟は居並ぶ女性たち全員にとって伝説の人だった。政治家たちの馬鹿な間違いと、年長の将軍たちの失策に幻滅を感じていたトルコの若い世代はムスタファ・ケマルに喝采を送り、女性たちはみな、彼に夢中になっていたのだ。彼は勇敢であったばかりでなく、〝黄金のバラ〟のニックネームのもとになった鮮やかな金髪、青白い肌、涼しい碧眼のハンサムで傲岸、全身から粗野と言ってもいいほどのパワーとエネルギーを発散している男だった。

「で、陛下の反応はどうだったの？」

「娘はまだ若いので、少し考えさせてもらおうと将軍に言ったそうよ」

「サビハ皇女が若いですって？　少なくとも二十歳《はたち》にはなっていらっしゃるわよね！」

「陛下はためらっていらっしゃるんじゃないかしら？　あの方は右に出る人のない立派な将軍であることはたしかだけれど、すごく短気で、大酒飲みのうえに、共和制思想の持ち主ですからね……」

その一言が皇族や貴族出身の彼女たちを震え上がらせた。

「〝黄金のバラ〟って共和主義者なの？　まさか！」

彼こそのちにトルコ共和国建国の父となるアタチュルクである。

やがて女性たちはソファーやカウチのある木蔭の休憩室の冷水プールにざぶりと浸かって身体のほてりを冷まし、カーテンの背後から流れてくるオーケストラのやわらかな楽の音に心地よくつろぎながら、無言の奴隷女が運んでくるスミレやバラの香りのする甘味水《シェルベット》で喉を潤すのだった。

女風呂の垢すり男

ハマームの起源はローマ風呂にあり、はじめはその遺構をそのまま利用したり、あるいはその設計図そっくりに建てられたりしたものが多かった。イスラーム勃興後はその教えの中に身体をきよめてから礼拝することが定められているために、早くから浴場文化が発達した。金持ちや貴族はもちろん、個人の邸宅に専用の湯殿《ハマーム》を作ったが、庶民はイスラーム世界特有の「ワクフ」と呼ばれる宗教寄進財産を利用して建設された公衆浴場を無料もしくはきわめて廉価で利用できたという。オスマン帝国最盛期の十七世紀のイスタンブールには、約三百の公衆浴場と、四千五百三十六の個人浴場があったと、オスマン王朝の廷臣で帝国領内を旅したエヴリヤ・エフェンディの『旅行記』にある。

トルコは一九二三年に共和国になってスルタン制は廃止され、皇族は国外に追放された。奴隷制も撤廃されたから、昔のような優雅なハマーム・パーティーを催す人はいなくなったが、ハマームを貸切にして、結婚前の女性が身内の女性や友人を招いてパーティーをすることはあるようだ。大理石や色彩の美しいタイルをふんだんに使った昔の貴人の立派なハマームは、設備をそのまま利用して日本の温泉センターのような共同浴場として使われているものもあれば、噴水の脇に椅子・テーブルを設えて、しゃれたレストランになっているものもある。

かつて男性は奴隷ないしは召使を連れてきて身体を洗わせるか、あるいは日本の昔の銭湯よろしく〝三助〟を雇い、あとで心づけを渡した。女性のほうは大体集団を作って出かけ、おたがいに身体を洗い合った。十六世紀初頭の記録では、中流階級の女性の多くは、ハマームに週四回出かけていたという。少ない場合でも週に一度は出かけるのが身だしなみとされた。また、ハマームに行くと言えば、女性がおおっぴらに外出できたので、実際には他のところへ行くための口実にもできた。全般に数は少なくなったとはいえ、中東イスラーム諸国には今でもこうしたハマームはある。

そうしたハマームの一つに行ってみた。

場所はトルコの古都コンヤ。一九九六年四月半ばのことである。地続きにモスクと、昔の隊商宿を思わせる古風なつくりのホテルもあったから、いわゆる宗教寄進財産《ワクフ》の事業の一つであったのかもしれない。ハマームとホテルは、あとからつけたらしい地下通路でつながっていた。

ここは男女別ではなくて、曜日や時間帯によって男女入れ替え制をとっていた。その日は午後九時からというのできっかりに出かけてみると、まだ客は一人もいない。受付で垢すりサービス込みで十五ドル払って、ベージュにこげ茶の縞の入った、洗いざらしの平織り木綿の腰布《ペシュテマル》をもらい、隣の更衣室に案内される。丸天井の下の十畳くらいの吹き抜けのスペースには絨毯が敷かれ、休憩用の籐椅子と小さなテーブルがいくつかあり、壁際にはぐるりとロッカーが並んでいた。その裏側は化粧室になっていて、ヘアードライヤーも備わっている。

ロッカーは、入れたらパチンと金具を閉じるだけで鍵はついていない。着替えて胸元まで腰布を巻きつけ、案内標識に従って通路の先の扉を開けると、薄暗いサウナ室があった。床には木製のスノコが敷かれ、横に長いコの字型の壁に作り付けの二段のベンチは、横になっても七、八人はくつろげるくらいたっぷりしている。温度は日本のサウナほど高くない。体温よりやや高いくらいで、ゆっくり寝転んでいると気持ちがいい。

しばらくくつろいでいると人の気配がしたので、「おや、相客かな?」と思ったが、サウナの中のことゆえ、起き上がって挨拶する必要もないのではと、半分目を閉じて寝転んだままでいた。ところが、何やら声がして仰天した。同じ腰布をつけ、上半身は裸の声の主はなんと男性だった!

「あれっ! 混浴なの?」と、思わずぴょんと身体を起こすと、相手は穏やかな微笑を浮かべて、心配無用というしぐさをした。女性専用時間であることを確かめてきたのだし、受付では「さあどうぞ」という風に案内してくれた。すると、この人が垢すり男?……ととまどっているうちに、相手は、「ジャポヌム?」とたずねながら隣に腰をおろし、慣れた様子で私の手をとり、にこにこしながら指を一本一本ていねいにマッサージし始めた。何しろはじめてのハマーム。女風呂に男性がサービスにくるとは聞いていなかった。だが、こうなったら覚悟を決めて成り行きに任せるしかない。そう思ってこちらもにっこりすると、相手もほっとしたように、手の甲から二の腕、それから肩のほうへとゆっくりマッサージしてくれる。男は小柄で色白、黒い髪は天辺がやや薄いが年齢は五十歳くらいか。笑うと中東人らしく目鼻立ちのはっきりした顔がほころび、黒い瞳の目じりに人のよさそうな皺ができる。

「イイ？」

そうだ、トルコ語では〝グッド〟を、日本語と同じに〝イイ〟と言うのだと思い出してうなずくと、ようやく〝意思疎通〟が成立して、男のマッサージする手に気合が入ってくるのがわかる。「もう片方の手ももみましょう」という仕草に喜んで応じる。首筋、肩と揉んでもらう頃にはサウナの熱気が効いてきて、汗ばむほどになった。

ハマームで『千一夜物語』気分

「さあ、こちらへ」

という合図に従って、サウナを出て廊下を別方向に行くと、蒸気でぼーっとかすむ大浴場のようなところへ出た。明り取りのある吹き抜けの丸天井の真下には六角形の白い大理石の縁石で囲んだ浅い湯船があって、中央から噴き上げる温水がいったん水盤にこぼれてから幾筋にもなって広がり、湯船に軽やかな水音を立てて流れ落ちている。浴槽を取り囲むような同じ六角形の壁面は二重になっていて、内壁と外壁のあいだは幅二メートルくらいの回廊になっている。その内側の壁面に沿って高さ七十センチくらい、幅七、八十センチほどの大理石のベンチがぐるりと作り付けになっていた。

床は滑りやすいので、木製のサンダルを履き、男の後について回廊の少し奥まったところまでゆくと、ベンチの上にザーッとお湯を撒いてから、そこにうつぶせに横になるように仕草で指示された。ほどよく古びた、人肌くらいに温められた大理石のぬくもりが胸や腹部からじんわり伝わってきて実に気持ちがいい。

男はボディー・シャンプーを泡立てたものが入っている大きなバケツをもってきて、泡ごと両手ですくっては私の身体に景気よくかけた。それから自分の腰布をひょいとたくし上げて大理石のベンチに飛び乗り、シャボンの泡にすっぽり包まれたうつ伏せの私の身体の上に馬乗りになって、両手に嵌めた大きなミトンでごしごしと背中や腕をこすり、くるりと向きを変えると今度は太腿からふくらはぎへと順に力強くこすって行く。足首をつかんでぐるぐる回したり、膝を曲げて踵が腰に付くくらいまでぎゅっと引っ張り上げたり、屈伸運動までしてくれる。

やがて男はベンチから降りて、「マワル」と命令。仰向けになれということらしい。大浴場は静かで、聞こえるのは浴槽の噴水の水音だけ。見知らぬ大の男と、おたがいに腰布一枚の姿で人気のない浴場の片隅にいるのは奇妙なものだ。今度はさすがに仰向けの私の上に馬乗りにはならず、脇に立ったまま、首から腕、胸や腹部をこすってくれる。きまりが悪いから目をつぶっていたが、時々、薄目を開けてちらと見ると、垢すり男は顔中に玉のような汗をかいていて、そのしずくが私の上に落ちるのを申し訳なさそうに二の腕で払いながら、「イイ？」としきりに訊く。「イイ、イイ」と相槌を打つと、やがてミトンを嵌めた手のひらに鉛筆の芯のような垢をごろごろと見せてくれた。私の身体からホントにこんなに垢が出てきたのだろうか?

やがて男は湯を入れたバケツを運んできて、ベンチに仰向けになっている私の上に勢いよく何度も何度もザーッとかける。もう一度「マワル」と命令が出て、うつぶせになった背中にも、バケツの湯をサブーッ、ザブーッと豪快にかける。今度は頭だよ、という仕草。手招きされて仕切りのついた洗い場風のところへ連れて行かれ、小さな椅子に座るとごしごしとシャンプー。またバケツの湯を頭の天辺からザーッと何度も何度もかけ、ようやく「フィニッシュ!」。「シャワー」と指差された出口に近いブースに入り、腰布をはずして自分で心ゆくまで全身をシャワーですすぎ、顔を洗う。全身ツルツル、なんという爽快感!

それからゆっくり浴槽に浸ったり、脇のベンチで寝そべったりしてくつろいでもいいらしいのだが、すでに濃い蒸気の中で一時間近く、見知らぬ男性と二人きりでいたせいもあって、すっかり上気してしまったので、さっと冷水を浴びて出口に向かった。乾いたタオルをもらって更衣室で涼む。ようやく後続の客が二、三人入ってきてほっとする。

ゆっくり着替えて髪をドライヤーで乾かして整え、さて、昔の貴族なら、この辺で召使が冷たい甘味水《シェルベット》をもって現われるのだろうが、庶民的なハマームにその気配はない。垢すり男へのチップは十万トルコ・リラが相場と聞いていた。十万トルコ・リラは当時のレートで約百五十円。水で割ると白濁するので「ライオンの乳」と呼ばれるトルコの庶民の飲み物「ラク」という焼酎のような酒がダブルで十四万リラだから、ささやかな額だ。

すっかり身体が軽くなり、すかっとする。それにしても、男風呂にたくましい「垢すりおばさん」がいるという話は聞いたことがあるし、垢すり男が常連客にそっと自分の女房をはべらせるという話は『千一夜物語』にもある。だが、男女隔離のやかましいイスラーム教国の女風呂に「垢すり男」が登場するとは夢にも思っていなかった。腰布一枚きりの裸同然の格好で、「イイ?」「イイ」……と身体を揉んでもらっているうちに意気投合して……というようなことはないのだろうか?

本場のトルコ風呂の感想を訊かれて、冗談交じりにその可能性をトルコ人男性に訊いてみたら、手のひらを水平に顎に当てる仕草をした。

「えっ? 垢すり男はクビになっちゃうの?」

「いやいや、ホントに首を切られるんだよ」と聞いてびっくり。

そうか、婚姻以外の性行為はご法度というイスラーム国だからこそ、女性も安心して垢すり男に身を委ね、しばしの悦楽を味わうことができるというのは、なかなか乙なものではないか。

もちろん、どこのハマームの女風呂にも垢すり男がいるわけではなく、威勢のいい垢すりおばさんに当たる可能性もある。女性の一人客と見て、出来心を起こす輩もいるかもしれない。

事実、面白いものを見せてあげると誘われて付いていったら、ハマームの奥のほうまで案内され、いきなり腰布一枚の数人の垢すり男たちにかこまれて仰天した西洋人女性の話を聞いたことがある。手籠めにされても、それを犯罪として訴えるには、イスラーム法では男性四人、女性なら八人の目撃証人が必要で、国によっては証人の数がそろわないのに訴えれば、こちらが逆に中傷罪を犯したことになる。女性がハマームへ行く場合はどうか下調べを。

第8章

後宮《ハレム》からの脱出

ボスポラス海峡をのぞむチュラーン宮殿

イスラーム世界ただ一人の女帝

王朝を蔭で操る女性にはいつの世にも興味をそそられるが、帳《とばり》のうしろから現われて、玉座に推戴された女性と聞けば、いっそう好奇心を掻き立てられる。しかもそれが、女性隔離・差別にやかましい中東イスラーム世界での実話となると見過ごせない。

中東に最初の女性スルタンが登場したのは一二五〇年、十字軍からエルサレムを奪回したクルド族出身のムスリムの英雄サラディンがエジプトに樹立したアイユーブ朝末期のことである。

サラディンの夢は、隆盛を極めたバグダードのアッバース朝に衰退の兆しが見えるにつれてスンナ派とシーア派の対立が顕著になり、やがて王朝の中心部で権力の逆転が起こる一方、遠隔地には小王朝があちこちに台頭して群雄割拠の様相を呈する中、これを好機と見て攻勢をかけてきた十字軍に対し、諸勢力を結集してイスラーム世界を統一することだった。

悲願はひとまず成就したかに見えたが、サラディンはスルタンを名乗るまでにいたらず、確固とした政治体制を築くことなく病没した。力を取り戻した十字軍は聖地奪還を虎視眈々と狙っていたため、エジプトを本拠とするアイユーブ朝の後代のスルタンたちは、町の防備を固め、軍隊を強化し、戦費の捻出のため灌漑事業などの農業・経済政策、交易活動の保護に精を出した。

ナイル川の増水度を測るナイロ・メーターがあることで有名なローダ島は、カイロ市を流れるナイル川の東岸に沿ってできた川中島だが、ここにサラディンが世を去ってから約五十年後の一二四〇年代のはじめ頃、居城とは別に壮大なローダ城と王宮を建設し、子飼いのトルコ人奴隷（マムルーク）軍団を住まわせたのが、アイユーブ朝第七代スルタンのサーリフ（在位一二四〇—四九年）である。ナイル川のことをエジプト人は「バフル」（海）とも言っていたので、ここの王宮に住むようになったマムルークたちは「バフリー・マムルーク」と呼ばれるようになった。三年がかりの王宮の建設が完了すると、夫サーリフとともにここに移り住んだのが、のちの女帝シャジャル・アッドゥッルである。

後述するように、ウマイヤ朝、アッバース朝と発展するうちに、いつのまにかスルタン位の世襲制、近親者を要職に取り立てるなどの縁故主義がはびこり、清廉な武人サラディンが興したアイユーブ朝にもいつのまにかその悪弊が跋扈していた。身内同士の権力闘争が激しくなってきたため、スルタン・サーリフは先代から引き継いだ軍隊を一掃し、まったく血縁のない奴隷を購入して子飼いの軍団を養成し、王朝を統一して巻き返しを狙う十字軍に対処しようとした。

スルタンによって購入された少年奴隷たちは、カイロの軍事学校に入って、まずアラビア語の読み書きやムスリムとしての教養を教え込まれ、次に馬術、弓術、槍術、剣術の訓練を数年にわたって授けられた。その数は数千人にのぼったと伝えられる。これを修了すると一人前の騎士として「分与地《イクター》」（あるいはその土地から上がる収益に対する徴税権）を与えられて奴隷身分から解放され、やがて軍団を指揮するアミールに抜擢される者も出てきた。

こうしてできた「バフリー・マムルーク」軍はスルタンの近衛兵団としてのちには国家の軍事力の主力となり、やがてこの中から、のちにスルタンとなって十字軍やモンゴル軍との戦いに活躍する未来の「英雄」バイバルスなど、マムルーク朝初期の有名なスルタンたちが綺羅星の如く育っていくことになる。

サーリフは、「スーダン人の母の血を受けて外見は色黒く髪は縮れ、気質は寡黙にして勇猛果敢、人格は高潔で二言はなく、軍を動かすに当たっては、まず将軍たちの意見に耳を傾けたというから、戦国時代を生き抜くにふさわしい名将だった」（牟田口義郎「イスラム女王シャジャル・アッドッル」、『歴史読本　ワールド　特別増刊　88―7』）という。

妻シャジャル・アッドゥッルは、夫が十字軍との対戦時に急死しなかったら、歴史に残る女性にはならなかったであろう。彼女はアルメニア生まれで、アッバース朝最後のカリフ・ムスターシム（在位一二四二―五八年）の宮廷に買われた女奴隷だった。アラビア語で「真珠の首飾り」を意味する「シャジャル・アッドゥッル」という名前は、後宮《ハレム》の女性のいわゆる「源氏名」だった。

彼女がいつサーリフとめぐりあったかについては諸説がある。のちに女帝になってから発行された金貨の刻印によれば、「アル・ムスタアシミーヤ（カリフ・ムスターシムの元奴隷）、アル・サーリヒーヤ（サーリフの奴隷）、マリカト・アル・ムスリミーン（イスラーム教徒の女王）、ウンム・アル・マリク・アル・マンスール、ハリール、アミール・アル・ムウミニーン（信徒の長の友、マンスール王ハリールの母）」とあることから、彼女がサーリフと接触する以前の一時期、カリフ・ムスターシムの後宮の女奴隷の一人であったと解釈され、カリフ・ムスターシムから贈りものとしてサーリフに与えられたとする説がある。しかし、ムスターシムがカリフ位に就いた一二四二年には、サーリフはすでにスルタンになっていて、シャジャル・アッドゥッルとの間に子供までできているから、この話は「のちにカリフになったムスターシムから、スルタンに就任以前のサーリフに贈られた」としなければつじつまが合わない。

『世界の女性史13　中東・アフリカI　東方の輝き』にシャジャル・アッドゥッルについて一文を寄せておられる飯森嘉助氏によれば、サーリフがまだ皇子で、アイユーブ朝所領のイラク北部の前線基地にあるカイファ城主であったころ、トルコ人私兵（マムルーク）を買うように、自ら彼女を買ったという説もあれば、部下の兵士がモスルの後宮を脱出してさまよっている彼女を拾ってきてサーリフに献上したものだとする説もあるという。

いずれにしても、モンゴル軍に追われてキプチャク草原に逃げ込んだトルコ系遊牧民などのなかには、幼少期に両親と生き別れになり、当時横行していた奴隷商人の手に渡って、旧家や王宮のハレムを浮き草のように転々とする女性はめずらしくなかった。『千一夜物語』にもあるように、王家のハレムに買われた奴隷のうち、美しく、賢い者はスルタンの御前に出る前に何年かかけて贅沢な香油、香料をふんだんに使って容姿を磨き上げ、言語や教養、音楽や舞踊、詩の朗誦などをみっちり仕込まれるのだった。

マムルークを父親に持つ伝記作家サファディー（一三六三年没）は、

シャジャル・アッドゥッルは類《たぐい》まれな美しさで、見識があり、抜け目がなく、知性的であった。彼女は当代のだれ一人としてかなわないような幸福を手中にした。サーリフは彼女を愛し、全幅の信頼をおいていたのである。（『死亡録大全』）

と記している。彼女がいつ頃サーリフとめぐりあったかは定かではないが、彼の寵愛を受けて男児を産み、ハリールと名づけた。その子は夭折してしまうが、彼女の才能に惚れ込んだサーリフは彼女を奴隷身分から解放し、自由人にして正式に結婚した。サーリフがアイユーブ朝第七代スルタンになると、彼女は名実ともに王妃として彼のよき相談相手、右腕となって国政に参画した。

サーリフは一二四五年までにシリアの反スルタン・アイユーブ諸侯の平定をはかるとともに、サラディンの死後、父の代のときに自らの政権維持のために十字軍に譲り渡してしまっていたエルサレムを取り戻し、十字軍の重要基地アシュケロン（ガザの北東十九キロ）の港を占領した。十字軍のほうもこれを座視せず、大がかりな遠征準備を着々と進め、エジプト本土を攻略しようとしていた。だが、そのニュースを聞いたときのサーリフは、肺結核とガンに冒されており、病状が悪化して出陣先のダマスカスから担架で十字軍の上陸地点と予想されるナイル河口のダミエッタ（現在のドゥミヤート）に戻るのがやっとだった。

聖王ルイ九世の十字軍を破った女帝

一二四九年六月五日、フランスの聖王ルイ九世（在位一二二六―七〇年）の率いる第七回十字軍は、七百隻の大艦隊を組んでダミエッタに到着。病重篤のサーリフはその知らせを聞くと、やや南のデルタ地帯の要衝マンスーラに担架で運ばせた。守備隊もいなくなったダミエッタに上陸した十字軍は、一晩でここを無血占領した。

だが、ここでルイ王は決定的な誤りを犯した。後続部隊の到着を待ってマンスーラへ進攻しようと思っているうちにナイルは増水期に入り、縦横に張り巡らされた灌漑用の運河には深い水がたたえられ、軍隊を動かしにくくなったため、減水を待って五カ月も無為に過ごしてしまったのである。

その間にエジプト側は陣容を立て直した。しかし、十一月になってルイ王が全軍にカイロ進撃の命令を下したちょうどそのとき、サーリフはマンスーラの本営で病没した。機を見るに敏な妻シャジャル・アッドゥッルは、サーリフの長子で彼女には義理の息子に当たるトゥーランシャーをアイユーブ朝第八代のスルタンに擁立したが、軍の士気の低下を恐れて、周囲には彼がイラク北部のカイファ城から戻るまで、夫の死を隠し通すことにした。
シャジャル・アッドゥッルは信頼できる数人の重臣に諮り、サーリフが病床で国事を執っていることにして、薬や食事もその都度本営に運ばせるなど、細心の注意を払う一方、夫の筆跡を真似て命令書に署名した。彼女は「病身のスルタン」の名において宮廷を維持し、大臣や将軍たちを引見し、軍規の維持を図るなどして、義子が戻るまでの三カ月間、必死の防戦が続いた。

だが、年明け後の二月八日未明、土着のキリスト教徒に運河の浅瀬地点を教えられた十字軍は渡河に成功。不意を突かれたエジプト側は混乱し、総司令官は壮烈な戦死を遂げた。スルタンの死後、七十五日目であった。そこからわずか三キロのマンスーラでこの大敗北の報に接したシャジャル・アッドゥッルは、頼みの綱の故スルタンの近衛兵団バフリー・マムルークに出動を命じた。

軍団長は義子を迎えに行っていて留守だったので、副団長格の青年将校バイバルスが指揮をとった。十年後にはスルタンになる稀代の勇敢な武人である。サーリフが手塩にかけて育ててきた一騎当千の虎の子のマムルーク軍は、マンスーラの市街で十字軍を狭い路地に追い込み、伏兵が一気に襲いかかって形勢を逆転させた。逃亡者の多くが運河の水に溺れて死んだ。十字軍側の死者は、少なく見積もっても一万、多く見積もれば三万に達したと言われる。以後、約五十日の攻防の結果、フランス軍は伝染病の蔓延と食糧不足のため、ついに降伏した。ルイ王自身も捕虜となり、鉄の足枷を嵌められて、身代金支払交渉が決着するまで、約一カ月間、マンスーラに抑留された。

義子のトゥーランシャーが戻ってきたのは、こうしてイスラーム側の戦局が有利に展開しつつあった時期で、父の死後、三カ月もたってからだった。彼はシャジャル・アッドゥッルから迎えの使者が送られたにもかかわらず、一刻を争う時期に陣頭指揮をとるべきであるという使命感以上に、今後のスルタンの座を安泰にするためには、シリアの人心の掌握が必要であると考えて、スルタン就任の祝賀に参上する諸侯たちを手なずけておくことに時を費やしたのである。

新スルタンのトゥーランシャーはエジプト軍の主力となったバフリー・マムルークの功績を評価するべきであったのに、逆に彼らの台頭を恐れた。また、彼の不在の間、最悪の事態をうまく処理し、エジプトを破滅から救い、スルタンの座を彼のために確保してくれた恩人であるはずの義母シャジャル・アッドゥッルに対しても猜疑心を抱いた。

新スルタンはバフリー・マムルークを解任したり格下げしたりし、代わりにカイファ城から連れてきた自分の無能な家臣や側近を優遇したので、新スルタンへの不満は一気に高まった。彼は父サーリフとは違って素行が悪く、大酒のみで、酩酊するとローソクを集め、剣で一本一本切り倒しながら、「マムルークらを今にこのようにしてやるわい」と名指しで叫んだという。

シャジャル・アッドゥッルはマムルークに密書を送り、新スルタンの抹殺を命じた。

シャジャル・アッドゥッルの内意を受けたバイバルスとその部下たちは五月二日、新スルタンを追い詰めて八方から矢を射かけ、ナイル川に身を投げた彼に止めを刺した。バフリー・マムルークたちは協議のうえ、次期スルタンにシャジャル・アッドゥッルを推戴した。国政に明るく、抜群の執務能力をもち、機敏にして抜け目がなく、しかも慎重で思慮深く、判断が正しい上に太っ腹で気前もよかった彼女の資質が武将たちを心服させていなかったら、衆議一決することはなかったであろう。

「女性を推戴する民は成功せず」

即位後、彼女はルイ王以下の十字軍の捕虜の釈放問題について、王や諸侯を全部処刑せよというイスラーム軍内のタカ派を抑え、十字軍側と粘り強い協議を続けたあげく、結局、八十万ディナールの身代金と引き換えにすべての十字軍捕虜を解放し、代わりに十字軍はダミエッタから撤退すること、双方は十年間休戦をすることなどを取り決めた。

毎週金曜日にモスクで行なわれる正午の集団礼拝に先立つ説教《フトバ》で、預言者ムハンマドに続いて、神の祝福を受けるべき時の支配者として、シャジャル・アッドゥッルの名は、バグダードのカリフの名とともに読み上げられた。伝達手段の乏しかった昔は、こうして支配者の交代が集団礼拝の参加者に伝えられていたのである。女性スルタン誕生はイスラーム世界始まって以来の出来事だった。

しかし女性スルタンの登場は、すんなり受け入れられたわけではない。シリア北部のアレッポに残っていたアイユーブ家の君主ナースィルは、トゥーランシャー殺害の復讐を旗印に、ダマスカスのクルド人将軍たちの支持を受けてシャジャル・アッドゥッルに反旗を翻し、シリア中北部に支配圏を確立した。

また、アイユーブ朝のスルタンは、バグダードのアッバース朝カリフからの任官証明と、それに伴う任官装束や御下賜品の授与がなされない限り、その正当性が認められたことにはならない慣わしになっていた。シャジャル・アッドゥッルは八方手を尽くして何とかバグダードのカリフの承認を得ようとしたが、カリフ・ムスターシムからの手紙には皮肉をこめて、「もしそなたたちのところに（スルタンとなるべき）男子が不足しているのなら、言ってこられるがよい。こちらから（しかるべき）男子を一人送って進ぜよう」と言ってきた。

地元カイロの巷でさえ、預言者ムハンマドの言行録に「女性を推戴する民は成功せず」という一節があると、真偽のほども確かでない預言者の言葉がまことしやかに広まっていた。内外の情勢を察知したシャジャル・アッドゥッルは、形の上では男性スルタンを擁立しておいて、自分が蔭で権勢をふるうために、バフリー・マムルーク出身のエジプト軍総司令官アイバクと結婚し、名目上のスルタン位を夫に譲り渡した。彼女の統治期間はわずか八十日間にすぎなかったが、善政を行ない、エジプトはその間安定していた。当時の彼女は三十五歳前後の女盛りだったと言われる。

アイバクとシャジャル・アッドゥッルの結婚は、おたがいの野心の成就が目的だったから、うまくいかなかった。アイバクがシリアのアイユーブ勢力を牽制するために、後方の要となるモスルの領主の娘を妃に迎えて姻戚同盟を結ぶと、シャジャル・アッドゥッルは嫉妬に狂った。一二五七年五月、彼女は激しい口論のあと和解するかに見せかけて、甘い言葉で夫を風呂場《ハマーム》に招き入れ、手下の宦官に殺害させた。

翌朝、暗殺者たちは、スルタンが風呂場で卒倒して急死したという噂を流し、城内は騒然となったが、アイバクの部下たちはだれもこれを信じず、召使や女官を捕らえて拷問の末、真相を白状させた。彼らはただちに殺されたアイバクの前妻の十一歳の息子アリーを新スルタンに据え、シャジャル・アッドゥッル以下暗殺者数名を逮捕して新スルタンの母親に引き渡した。三日後、夫との仲を割かれ、積年の恨みと憎悪に燃えていたアイバクの前妻は、「女を殺すのに男の手は借りない」と言って、女奴隷たちに命じ、風呂場用の堅い木のサンダルでシャジャル・アッドゥッルを撲り殺させた。

翌年、ジンギスカンの孫フラーグの率いるモンゴル軍がバグダードを攻略、カリフ・ムスタ一シムを殺してアッバース朝を滅ぼした上、その次の年にはシリアも奪い取った。この危機に際して、エジプト側はダマスカスと和解し、マムルーク連合軍を結成して、一二六〇年九月、パレスチナのアインジャールートでモンゴル軍を大敗させ、ようやくマムルーク朝は一つにまとまった。この激動期に台頭したのが、十字軍を破ったバイバルスである。

一つの王朝から次の王朝への幕間劇に、国難の救世主、はじめての女スルタンとして一世を風靡したシャジャル・アッドゥッルは、嫉妬に狂った哀れな女として夫殺し、スルタン殺しの大罪を背負って死んでいった。彼女の遺体は城外の堀の中に投げ捨てられ、野犬の餌食にされていたのを、思うところある者が生前に彼女が自ら用意しておいた霊廟にひそかに葬ったという。その霊廟は、現在でもカイロ市旧市街のはずれにあり、願い事を携えた参拝者が絶えない。

ベイルートの埠頭に佇む元皇女

ミネット・エルホスンの海岸わきの低い崖からベイルート港を一望する眺めはすばらしい。孔雀の胸のように碧い地中海の東端を南北に連なる穏やかな海岸線にせり出した岩盤が南西からの偏西風をさえぎって、北向きの小さな入り江をつくり、天然の良港になっている。

一九二四年初夏、毎週木曜日に白い大きな蒸気船「ピエール・ロティ」号が入港して貨物と乗客を下ろすと、きたときよりも大勢の客を乗せてイスタンブールへ戻って行くのを、石の手すりにもたれて船影が水平線の彼方に消えるまでじっと見つめている少女がいた。

少女は埠頭に降りていって、忙しげに押し合い圧《へ》し合いしながら降りてくる群集に混じって目を閉じ、なつかしい故郷の言葉や匂いを嗅ぎ取ろうとした。それに完全に浸りきってからやっと、辺りを見渡す余裕ができた。無事に目的地に着いてほっとした表情の一つ一つが、彼女の愛した都市《まち》の情景を髣髴させ、女性たちの抱えるバスケットからあふれそうなゴマ・パンが、金角湾にかかるガラタ橋のにぎわい、その向こうに沈むすばらしい夕焼けにくっきり浮かぶモスクの丸屋根や尖塔のシルエットを思い起こさせた。

「イスタンブールではみんな元気に暮らしているの？」とどんなにか訊いてみたかったことだろう。夢想の中で華やいで見える旅行者たちに投げかける彼女の眼差しがあまりにも悲しそうだったので、旅人たちはギョッとして、そそくさと通り過ぎていった。

少女セルマは十三歳。つい数カ月前までは、ボスポラス海峡を見下ろすオルタキョイ宮殿の婦人棟《ハレムルク》で大勢の女官や宦官、女奴隷たちにかしずかれて暮らすオスマン帝国の皇女《スルターナ》だった。病弱のため一八七六年にほんの一時期だけスルタンを務めたムラト五世の孫娘である。

一四五三年六月のメフメト二世によるコンスタンティノープル（のちのイスタンブール）陥落以来、盛時には西は北アフリカのアルジェリアから東はティグリス・ユーフラテス川まで、南はアラビア半島のアデンから北はドナウ川上流のハンガリーまでを版図に入れ、五百年近い栄華を誇ったイスラーム王朝が、かくも無残に崩壊してしまうとは、強大堅固に見えた帝国機構の中枢近くにいた人間ほど、信じられなかったにちがいない。

帝国崩壊の兆しは早くからあった。第一次大戦で、トルコはドイツ側に付いたばかりに、いったん形勢不利になると、辺境部に台頭しつつあった民族独立の気運を連合国側に利用されて、帝国はあえなく分断され、求心力を失った。西欧の影響による立憲君主制への移行も、保守派の抵抗でもたついているうちに、敗戦の屈辱を払拭しようと、残されたわずかな領土の住民が抵抗運動を起こし、それが勢いをえて、トルコは一気にスルタン制を廃止。共和国へ鞍替えしてしまった。

一九二四年三月、オスマン帝国の皇族たちは、わずかな一時金と、荷造りに三日間の猶予を与えられただけで国外追放されることになった。彼らは命令を受けて、とりあえずの身の回り品だけをまとめ、少数の従者を連れて亡命の途についた。衣装の裾に大急ぎで宝石を縫い込むのがやっとだった。

セルマの決意

スルタン制の廃止が発表された日のことをセルマはよく覚えていた。その数日前に、十二歳の誕生日を迎えていたからだ。彼女の部屋に山のように積まれたプレゼントの一つに、母のパリ製のドレスが入っているような長くて平たい箱が一つあった。わくわくして目をつぶったまま、そっと開けてみると、出てきたのはトルコブルーのシルクの丈長レインコートのようなチャルシャフと、そろいのモスリンのヴェールだった。女性は一人前になったら、婦人棟を出るときには必ずこうした身体の線を隠すイスラーム服とヴェールを着用するのが決まりだった。

だが、昨今のトルコでは、地方の町ならまだしも、首都イスタンブールではそういう服装にこだわらなくなっていた。女性たちはだぶだぶのイスラーム服を身体にぴったりのツーピースなどに仕立て直し、ヴェールはアクセサリーの一つとしてひょいと片側を上げて被るのがおしゃれだった。

閉じ込められた婦人棟の延長のような、「移動式監獄」さながらの服を見て、セルマは喉がつまり、目から涙が溢れ出た。せっかくのプレゼントに背を向けたまま、試着をしようともしない彼女に、女官たちは憤然と抗議した。「口を開けば〝女性解放〟を唱え、顔を丸出しにして、踵どころか、ふくらはぎまで丸見えのスカートをはいて町をほっつき歩くなどとんでもない。皇女様はそういう恥ずかしい行為をなさってはいけません。イスラームのモラルと伝統をきちんと守るべきです」。

アラビア語がわかるようになっていた彼女は、自室に戻ると『コーラン』を開いて熱心に勉強した。それから何日もかけて、女性に関する章句を一つ一つ丹念に調べた。どこにも、本当にどこにも、女性の顔や、ましてや髪の毛を隠せとは書かれていなかった！　『コーラン』は女性につつましい振る舞いをするようにと命じているだけだった。

他方、占領軍によるイスタンブール進駐、ギリシア軍のイズミール進攻に黙っていられなくなった住民は、抵抗運動に立ち上がった。座視していれば、トルコの領土は戦勝国のいいように食い物にされてしまう。自分の国、同じ国民のために生き抜いて闘おう。そうした人々の意気込みが、慣習のしがらみを突き破る波動のように感じられた。それなのに、その急流が、女官たちのこまごました礼儀作法、それを鷹揚に聞き流す母によって堰き止められている。そんな息の詰まりそうな婦人棟の扉を蹴飛ばし開けたのがスルタン制廃止のニュースだったのだ。

セルマは、外国勢を追い払うために国民の決起を呼びかけるムスタファ・ケマルが勝利すれば、スルタンは再び権力を握り、この国の繁栄と国民の幸福を取り戻すことのできる法律を施行するにちがいないと思った。ケマルに賛同する女性活動家ハリデ・エディブは女性の権利を擁護し、不恰好なチャルシャフや公共の場所で女性を隔離する格子窓《ムシャラビエ》を廃止し、馬車の幌、後宮の扉を開け放とうと力説していた。そうだ、自分もその運動に手を貸そう。そうすれば、自分の自由な未来も開けていくに違いない……。

見えない壁

だが、セルマにとっての「後宮《ハレム》からの脱出」は、意外な形で実現した。スルタン制が廃止され、トルコが共和国となって、ムスタファ・ケマルが大統領となり、占領軍はイスタンブールから撤退し、都には平和が戻ったかに見えた。ところが、「信徒の長」であるカリフ位だけになったスルタンのもとに、貧乏貴族、退役将軍、解雇された役人、高位の元廷臣、ムスリムの聖職者までが集まり始めた。共和国への移行に伴う、ときには強引なケマルの措置に不満を抱く人たちまで、穏健なカリフに惹きつけられていった。

国民が二派に分かれて内乱になりかねない危機を察したケマルは、カリフがそれ相応に公務を遂行するために内廷費を増額してほしいと要求してきたことが、スルタン制復活へのスプリングボードになることを恐れてこれを却下した。一九二四年三月三日、大国民議会は一週間の大議論の末、カリフ制も廃止し、同時にカリフ以下オスマン王朝の皇子、皇女全員をただちに国外追放することを可決したのである。

国民の抗議を案じて、報道管制が敷かれるなか、カリフが二人の夫人と子供たちを連れて、明け方にオリエント急行でスイスに向かったことを知らされてから、慌てふためく暇もなく、セルマと二歳年上の兄を連れた母は、宦官一人女官二人を連れただけで、陸路を反対方向のレバノンに向かった。王家の娘婿である父は同行しなかった。

世が世なら、レバノンはオスマン帝国から派遣された総督が統治する地方州の一部で、ベイルートはイスタンブールからもっとも遠い都市《まち》の一つとはいえ、宗主国の皇女の一家が来訪するとなれば、地方の役人や地元名士らが勢ぞろいで赤絨毯を敷き延べて出迎えたであろうが、すでに戦後処理の一環としてフランスの委任統治下に入っていたこの都市《まち》へ、セルマと家族一行はひっそりと入り、ベイルート岬のイスラーム教徒地区にある古びた小さな家に旅装を解いた。

それまで、家庭教師から初等教育とフランス語、宗教学者から『コーラン』の授業を受けるだけだったセルマは、切望していた〝学校〟に行くこともできた。外出の送り迎えに宦官や女官が付き添ったり、夜の集まりには兄がエスコートしたりという制約はあったものの、ヴェールもチャルシャフもつけず、自由な服装で出かけ、はじめて家族以外の男性と自由におしゃべりしたり、彼らが自分に向ける異性としての関心や注目を意識するのはまんざらでもない気持ちだった。

だが、見えない束縛の壁はまだ彼女の周りに立ちはだかっていた。ベイルートの社交界で、〝元皇女〟、〝プリンセス〟の肩書きを隠し、〝高貴な雰囲気の謎の美女〟という役割を愉しみ、居合わせたハリウッドのプロデューサーから映画界入りを勧誘されたり、言い寄る男性も一人ならずいたのだが、適齢期の娘に母は、結婚相手は絶対にイスラーム教徒で、元オスマン帝国皇女にふさわしい王家の息子でなければ、一族の名を汚すことになるとうるさく言うようになったのである。

中東のパリと言われるベイルートは、昔から外国人の出入りの多い港町で、保守的なイスラーム国の雰囲気とは一味違う賑わいがあり、フランス統治下になってそれはいっそう助長されていた。先祖代々、港湾都市の経済を牛耳り、フランスの戦後事業の支配権や経営権に巧みに取り入るアラブ人商人、急に大きな顔のできるようになったマロン派のキリスト教徒、そういう動きを忌々しく思っている山岳地を拠点にしたムスリム・ドルーズ派などが、対等に自分たちの権利を主張して新しい地方政治の枠組みを作ろうとしていた。

世界的な民族主義の台頭で、王家はあちこちで没落、解体の運命にさらされていて、〝元王族〟の肩書きなど、ディナー・テーブルのめずらしい料理の一皿くらいにしか受けとめられなくなり、立憲革命による世俗政権が、信仰する宗教に関係なく市民の平等な権利を認めるようになっているというのに、しかも、一家の経済はインフレの影響でますますやりくりが苦しくなっているというのに、母が自分の周りに張り巡らす〝元皇女にふさわしい縁組〟というヴェールは、セルマを過去の世界に隔離し続けた。

インド王族との結婚

こうなったら駆け落ちでもするしかない。すでに二十五歳になっていたセルマは、同じようなメンバーが出入りする社交界で〝売れ残り〟のレッテルを貼られる屈辱には耐えられない気がした。

そう思っているところへもたらされたインド北部のバダルプル州の藩王《ラージャ》との縁談は、脱出のための唯一の手段であるように思えた。とにかくここから出よう。それから先は自分の努力で切り開いていけばいい。向こう見ずな確信がセルマに、会ったこともない男性との異郷での結婚を決意させた。婚礼は一九三七年四月と決まった。

インドの王族は想像もつかないほど豊かで、国庫には宝石が溢れかえっているというのはほとんど伝説になっていた。おまけに夫となる人はイートン校からケンブリッジ大学で教育を受けたインテリで、先祖は預言者ムハンマドの孫の血を引く、十一世紀にインドにやってきた最初のアラブ人征服者の一人だという。ならば、夫と協力して、偏見や反啓蒙主義的勢力を打破し、少しずつ近代的なインド国家を建設することに自分も参画できるのではないか……そう思うと希望が湧いてきた。

だが、セルマが驚いたのは、オスマン王朝以上に厳重なインドの女性隔離の習慣だった。ボンベイから汽車で三日がかりの旅でようやく着いたラクナウの駅で出迎えてくれるに違いない未来の夫と、にこやかな対面を予想していた彼女は、下車寸前になっていきなり全身を覆うカラスのマントのようなブルカを被せられそうになって仰天した。それを拒否すると、慌てた従者がプラットホームから迎えの車までの間に人目に触れないように帳《とばり》を張り巡らした。

その仕切りカーテンのような帳を示す「パルダー」という言葉が、インドでは「女性隔離」と同語であることを知ったのはそれからまもなくだった。最初に通された宮殿の「婦人棟《ザナーナ》」は、入り口に宦官が番をしているところまで、オスマン王朝の後宮《ハレム》とそっくりだった。

さらに悪いことに、まだ冷房もなかった当時のインドの猛烈に暑い気候からして当然とはいえ、婦人棟《ザナーナ》のなかは風通しがよいように、大部屋を衝立や几帳で仕切ってあるだけで、まるでプライバシーがなかった。手持ち無沙汰な侍女たちが断りもなく始終出入りし、婦人棟《ザナーナ》をつかさどる義姉が新参者の一挙手一投足が伝統やしきたりを逸脱していないかどうかを見張っていた。

インド独立の気運が高まる中で行なわれた一九三七年の地方選挙で、数を頼めば支配権を握れると知ったヒンドゥー教徒が、少数派ながら高い文化を持ち、支配階級を形成していたムスリムに対して、多数決を金科玉条とする民主主義を振りかざして敵対意識を煽り立てていた。それまで、ヒンドゥー教徒もイスラーム教徒も一人の藩王のもとで、居住区は別々ではあったものの、おたがいの祭りには宗教に関係なく楽しい日常の祝祭として参加し合っていたのに、政治運動員たちが宗教による分断を図り始めていた。

夫の領地バダルプルの居城では、二人はいくらかくつろげた。セルマにやさしい心遣いをしてくれる夫の祖母の勧めもあって、地元の女性たちの要望を少しでも汲み上げようと努力するが、何一つ具体的な救済策が実現しないうちに暴動の頻発と伝染病の蔓延で村を去らざるを得なくなった。

未亡人になると寡婦殉死《サティー》を強要されたり、それを免れても不可触民扱いされたり、奴隷制の廃止で貧困の極みにあっても売ることのできなくなった子供の四肢を切断して、憐れな姿で同情を買う物乞いに仕立てるなど、いっそう悲惨な境遇にある女性たちに、まず読み書きを教える学校をつくり、正しい社会への認識を深めたいというセルマの願いも、村の男たちからの大反発にあって、更なる混乱を招いただけだった。

母の遺言「娘よ、自由に翔《はばた》け」

北方藩主の江戸屋敷といった風情のラクナウの宮殿に戻ってまもなく開かれた英国人総督主催の恒例の政府功労者表彰式のあとのダンス・パーティーに招かれた夫は、セルマを同伴したものの、インドでは人前で夫婦がペアでダンスをする習慣がないため、妻を放っておいて男同士の喫煙室に消えてしまった。手持ち無沙汰に見える若くて美しい女性に、インド政庁に赴任してきたばかりの当地の習慣をよく知らない英国人青年が、「踊っていただけませんか?」と声をかけてきた。レバノン以来、久しぶりにセルマはフロアに出た。

ワルツのリズムに心も軽やかになって、一曲が終わりかけたとき、突然二人の間に割り込んだ夫は烈火の如く怒って、相手の青年に決闘を申し込んだ。総督のとりなしで、どうやら決闘は避けられたものの、夫はその日以来、彼女を婦人棟《ザナーナ》の一角に監禁し、自分は男性棟の独身時代の居室へ引き揚げてしまった。インドの風習に何かと批判的な嫁を葬るには格好のチャンスと、義姉は監禁中に自然衰弱による病死を画策し始めた。

予定を変更して早めに新婚旅行から帰ってきた夫の妹が、セルマの異常な衰弱ぶりに気づかなかったら、彼女はインドの後宮《ハレム》の片隅でひっそり一生を終えていたかもしれない。すぐに医師が呼ばれて手当てをしたおかげで生命は取り留めた。

健康を回復してみると、妊娠していることがわかった。すっかり精神的にも参っていたセルマに転地療養を勧めてくれた友人の口添えで、はじめはレバノンの母のところに里帰りする予定でいた。だが、母の急死で、行く先をパリに変更し、そこで子供を産むことを夫もしぶしぶ承知した。インドではいつ政変が起こるとも知れない情勢にあったからである。セルマは子供時代からの従者だった宦官一人を伴ってインドをあとにした。

一九三九年のパリはまだ、自由を求める女性には駆け込み寺に見えた。「〝プリンセス〟の肩書きなど捨てて、一人の大人の女性として生きなさい」と言ってくれたパリ滞在中のアメリカ人外科医に、セルマははじめて真剣に恋をした。だが、離婚係争中の妻と話をつけてくると一時アメリカに帰国した医師とは、その秋始まった第二次大戦のために音信不通になった。やがてインドとの連絡も送金も途絶えた。

もし生まれてくる子供が世継ぎの義務のない女の子だったら、インドには戻るまいとセルマはひそかに決心していた。だが、宦官と二人きりのパリの場末の安宿で女の子を産み、宝石の売り食いで、ようやく子供のミルクを調達するという暮らしの中で、翌年、パリはドイツに占領され、英領インドのパスポートを持つ滞在者は敵国者扱いになった。それでも娘は自分の意思で自由に翔《はばた》けるようなところで育てたいという悲願は変わらなかった。

やがて訪れた冬のある日、彼女は腹膜炎に罹り、併発した敗血症のため、乳飲み子を残して急死した。宦官は狼狽と悲しみの混乱のなかで、やっとのことで彼女をパリのムスリム共同墓地に葬り、戦時中の困っている外国人救済に当たっていたスイス領事館に幼児を預けてひっそりと姿を消した。

異国で孤児として人生をスタートしたその女児は、のちに母の数奇な一生を伝え聞いて、心の奥から遠い太鼓のように聞こえてくる母の声に耳を傾けずにはいられなかった。母が生きていれば、自分にどんなメッセージを伝えたかったであろうか？　いつかそれが形ある言葉になって聞こえてくるに違いない、それをなんとかして聞き取ろうと思いながら。

だが、実現までの道のりは長かった。彼女はまず、ソルボンヌ大学に入って心理学と社会学を勉強した。卒業するとジャーナリストになって、「ヌーヴェル・オブゼルヴァトゥール」誌の中東特派員を志願した。エチオピア、バングラデシュ、レバノンと内戦の戦場へ従軍記者として出かけても行った。内戦の複雑な歴史的背景、住民や支配者の微妙な利害関係を冷徹にキャッチし、過不足なく表現する筆力も身につけた。それを武器に、彼女はジャーナリストとしての仕事を一時中断し、四年間かけて母の足跡を追った。

母の一生を再現する形で綴られた遺児ケニーゼ・ムラトの小説『皇女セルマの遺言』は一九八七年にフランス語で出版されると、中東を舞台にムスリム女性を主人公にしたはじめての大河小説として脚光を浴び、国際線のスチュワーデスの間で回し読みされているうちに大評判になった。やがて国際的なベストセラーとして今日までに二十カ国語以上に翻訳されている。

興味深いのは、この母の一代記が大ヒットしてから著者が受けたインタヴューの中で、「あなたはムスリムですか？」という質問に対して、現代フランスのトップ・ジャーナリストの一人である著者は、「はい」とはっきり答えていることである。

「自由に翔く」とは、必ずしもイスラーム教徒の風習と誇りを捨てて西欧的価値観にしたがって生きていくことではない。「宗教というのは、自分の帰属を示す一種の身分証明のようなものですが、正真正銘のムスリムを自称することは、理不尽なことは認めないということです」という彼女の発言はなかなか含蓄がある。それは、「これが果して人の道か？」といつでも毅然として問える勇気を秘めているように聞こえる。

第9章

革命の蔭に女あり

修学旅行にきたイランの女子中学生

革命は七十年周期か

革命は地震に似ている。地震発生の原因については二つの説がある。一つは、地下のマグマが温度の変化に伴って、固体から液体、気体へと形態を変える際に体積の変化につれて周囲の岩石を破壊し、それが地震を起こすという説。もう一つは、地下構造の古傷である断層のあたりにひずみのエネルギーが次第に蓄えられてくると、はじめは断層面の摩擦のために動かずにいるが、ある限度を超えると急激にがくんと変動を生じ、それまでに蓄えられていたひずみのエネルギーが解放される。その時の断層の弾性的な跳ね返りによって振動が生ずるのが地震の原因であるとする説である。

いずれの場合も、目には見えにくいひずみのエネルギーが長期にわたって蓄積され、大地震の前には、その付近で小さい地震が続発することがあったり、大雑把なサイクルとして、およそ七十年くらいの周期で、突然大地を揺るがせ、地中のエネルギーが予想外の形で噴出して人々を瞠目させる点も革命とよく似ている。

たとえばイランでは、一九七九年にイラン・イスラーム革命が起こり、王制が廃止されて共和国の樹立が宣言されたが、その七十四年前の一九〇五年には、民主化への第一歩として立憲革命が起きている。オスマン帝国でも一九〇八年に、近代化が容易に実行されないことに腹を立てた「青年トルコ人」グループによる立憲革命で、ようやく専制政治にとどめを刺した。

二十世紀初頭の中東の二つのイスラーム大国で相次いで起こった革命は、マグマの蓄積によるものか、それとも断層のずれによるものかは議論のあるところだが、地殻変動によるひずみ現象とはどんなものだったのか、渦中を生きた二人の女性の人生を追ってみよう。

ブルー・モスク前の大集会で

イスタンブール旧市街のトプカプ宮殿の近くにあるスルタン・アフメト・モスクは、その内装のタイルの鮮やかな青色から、一般にはブルー・モスクの名で知られている。オスマン帝国時代の古典建築として名高い、天空に屹立する細い精悍な六本の尖塔《ミナレット》は、どこから見ても美しいこの町のシンボルだ。

一九一九年五月下旬の金曜日、普段なら夜明けから日が暮れるまで人でいっぱいの狭くて騒々しい迷路のようなこの辺りの横丁は鎧戸を下ろしてひっそりと静まり、ところどころに黒布で覆われた旗竿にオスマン帝国旗が翻っていた。あちこちの路地から足を引きずる老人や、目を真っ赤に泣き腫らした若者、勲章をいっぱいぶら下げた傷痍軍人らが次々と出てきて、いつのまにか長い行列となり、「イズミール」と染め抜いた腕章をつけた小学生の団体や、普段は家に閉じこもっている女性たちまでが、ヴェールを上げ、蒼白な顔に挑むような光を宿した目を輝かせながら、群集に混じって三々五々ブルー・モスク前の広場に集まりつつあった。

ブルー・モスクのミナレットから「神は実に偉大なり……おお、神よ、われらを守りたまえ！」という独特の抑揚の礼拝の呼びかけが市内の七つの丘にこだました。第一次大戦は七カ月前に終わり、ドイツ側について敗戦の憂き目を見たトルコは休戦協定に調印して武装解除した。以来、連合国の管轄下に置かれている首都イスタンブールの市民は、リビアと近東のアラブ諸国すべてに加えて、バルカン半島に最後まで保っていたヨーロッパ領土も失ってしまったことを、一種の運命だと諦めていた。だが、九世紀に中央アジアからやってきた遊牧民の祖先が住み着き、開拓し、発展させたアナトリアのトルコ第二の都市イズミールが、戦後のドサクサ紛れにギリシア軍に奪取されたのはなんとしても許せなかった。広場に集まってきたのは、これに抗議するデモに参加する市民たちだった。

臨時に設置された演壇に、ヴェールも被らず、黒の地味なドレス姿の若い女性が登って行き、やがて朗々とした彼女の声が広場に響き渡った。

「皆さん、事態を見誤ってはいけません。イズミールの奪取こそ、トルコ分割の前奏曲なのです。ギリシアの首相ヴェニゼロスはエーゲ海に接する全域とわれわれの島々、果てはわれわれの首都イスタンブールまで当然の権利として要求しています。そんなことが認められたら、トルコには何が残るでしょうか？　アナトリア中部の不毛な荒野、外国の支配下にあるみじめな州、いいえ、はっきり言えば何も残らないということです！　皆さん、黙って降参するつもりですか？　兄弟姉妹、答えてください。この死刑宣告に黙って従うのですか？」

演壇の女性は感極まって、群集に向かって両腕を大きく広げた。雷鳴のような、巨獣のうなり声のような叫び声が人々の胸の奥から湧き上がり、広場に満ちた。

「いやだ、絶対にいやだ！　わが愛する美しいトルコ、われらの花嫁トルコ、われらの母の乳房であるトルコ、病めるわが子トルコを必ず救おう！　約束するぞ、お前を絶対に死なせないと！」

地味だが凜とした風情のこの女性は当時三十六歳、のちにイスタンブール大学となる「諸学の館（ダール・ウル・フヌーン）」で、すでに英文学の教授を務めていたハリデ・エディブだった。

石をぶつけられたハリデ・エディブ

一八八三年（資料によっては八四年）にイスタンブールの裕福な家庭に生まれた彼女は、幼い時に母を亡くし、昔風の祖母に育てられたが、父は娘に教育が必要だと考える開明的な人だった。ギリシア人の経営する幼稚園からスタートして、西欧的な教育を受け、やがてウシュクダルにできた女子大学アメリカン・カレッジで学び、一九〇一年にムスリム女性として最初の卒業生になった。日本ではこの年（明治三十四年）、はじめて女子のための大学（日本女子大学）が創立され、最初の卒業生を送り出したのは一九〇四年である。

西欧的な教育を受けたにもかかわらず、彼女はモスクや霊廟、家庭での宗教的なしきたりがもっているイスラーム信仰の神秘的な面に強く心を惹かれ続けた。のちに出版された彼女の子供時代の回想録によれば、「毎晩、『コーラン』の一節を自分なりの言葉で暗誦して育った子供は、イスラームの教えが人間生活のあらゆる場面での心構えを示してくれていると、必然的に確信するようになる」と言っている。

アメリカン・カレッジを卒業するとすぐ、ハリデ・エディブは自分の教師だった著名な数学教授サーリフ・ゼキ・ベイと結婚した。だが、九年後の一九一〇年、夫が第二夫人を娶るのは承諾できないとして離婚した。複数の妻をもつことが認められていて、男女の社会的、法的平等など、まだ遠い夢だった当時のオスマン帝国社会で、これはとても勇気ある行動だった。

離婚後、二人の幼い息子を連れて、祖母といっしょに暮らし始めた頃のイスタンブールは、伝統的な生き方を大切にする女性と、新しい時代に向かって脱皮しようとする女性たちのあいだに大きなギャップが生まれつつあった。昼は大学で教え、帰宅すると夜遅くまで執筆に励む孫娘のそばにそっとやってきた祖母は、昨今の女性たちの話し方、歩き方、衣服が何もかも昔と違ってしまって、まるで長いこと留守をしていた世界に戻ったようだと嘆くことがよくあったという。

仕立てのよい黒の丈長外衣《チャルシャフ》と自分の育ったエリート階級にふさわしいヴェールをまとった彼女が、時折大学への通勤に近道をして貧困者の多い居住区を通ると、趣味の悪い柄の洋服に、風呂場用のサンダルをつっかけ、鼻をたらした子供をかかえたり、明らかにどこかから盗んできたと思われる壊れかけた絹の洋傘を持って、さも一人前のレディーですと言わんばかりに町を闊歩する若い女性たちを目にした。

彼女たちはハリデ・エディブが女性解放の先駆者であることを知らず、顔がよく見えないのを幸い、単純に伝統的、保守的支配階級への反感をあらわにして、古風なイスラム女性の外衣をまとった彼女に石をぶつけることもあったという。

ハリデ・エディブは教員養成大学の教師を皮切りに、女子中等教育にも力を入れ、やがて女子教育財団の視学官になった。その後、まだオスマン帝国領だったシリアに女子のための学校と孤児院設立のために派遣され、その折にトルコ近代化促進運動の母体である「統一と進歩のための委員会」の会合で知り合ったアドナン・アディヴァル博士と一九一七年に再婚した。

一九一八年十一月、連合国軍によるイスタンブールの占領後、彼女と夫のアドナン・アディヴァルは首都を脱出してムスタファ・ケマルら国民会議派が集まっているアンカラへ向かった。夫は一九二〇年に設立された「大国民議会」の副議長になり、ハリデ・エディブは独立戦争に立ち上がったムスタファ・ケマルを助けて、最初は看護婦、のちに通訳、報道官兼秘書を務めた。

彼女はトルコの女子教育改善のためにつくすと同時に、トルコ人女性と西欧の女性たちの交流を深めることにも貢献した。第一次大戦時には家を失った戦争未亡人や孤児の救済にも手を貸した。前述の一九一九年のイズミール占領に奮起を呼びかけるブルー・モスク前広場での彼女の有名な演説は人々に強烈な印象を与えた。その時の気持ちをこう書いている。

スルタン・アフメト広場（ブルー・モスク前）の私は、たしかにいつもの自分とは違っていた。取るに足りない、まったく無名の人間であっても、時として大国の高邁な理想の代弁者になれることがあるものだと私は確信した。あの日の私の心は、全トルコ人の心の脈動に呼応して、迫りくる危機を訴えていた……私はこうした民族の狂気の高揚の真っ只中にいたにすぎない。一九二二年にイズミールを奪回するまで、他のことすべてはどうでもよかった。（『ハリデ・エディブ回想録』）

日本より先進的だったトルコ

トルコでは女性の地位改善のための動きはかなり早くからあった。一八五七年には男の子にも女の子にも平等に相続権を認める新しい法律が制定されたし、十九世紀後半には女学校が設立され、女子師範学校、助産婦養成学校、簿記学校もできた。一九一七年には、女性のほうから離婚を申請することもできるようになり、夫が二人以上の妻をもつことを拒否できる権利も認められた。そうした成果の蔭には、女性の地位向上のためのさまざまな組織づくりや、新聞、雑誌を含めて公の場での女性の積極的な意思表示を地道に積み上げる努力があった。そのリーダーを務めてきたのがハリデ・エディブである。

　トルコ独立戦争が勝利に終わって、一九二三年にトルコ共和国が成立し、その初代大統領になったムスタファ・ケマルは「トルコの父《アタチュルク》」と呼ばれ、この勝利に女性たちが果たした重要な役割に報いるべく、積極的な社会改革に乗り出した。女性のチャドル着用義務を撤廃し、小学校は義務教育化されて無料になった。一九二四年には、大学をはじめすべての高等教育機関に男性と同等の形で入学することができるようになり、結婚、離婚、子供の養育権、相続において法律面で男女平等に扱われるようになった。一九三〇年には市町村レヴェルの選挙で早くも女性に選挙権と被選挙権が与えられ、一九三四年には、多くの国に先駆けて全女性に国政への参政権が認められた。実際、一九三五年の総選挙では、十七人の女性代議士が誕生した。ちなみに婦人参政権が認められたのは、フランスでは一九四四年、イタリアが一九四五年、日本では一九四五年、スイスは一九七一年である。

　日本では、第二次大戦前には、国立の旧帝大のなかでは東北大学だけしか女性の入学を認めていなかったのだから、トルコのほうが国政への婦人参政権ばかりでなく、国立大学入学の面でも、戦前の日本よりはるかに進んでいたのである。

　ハリデ・エディブもトルコ共和国発足後まもなく、一時国会議員を務めたことがあるが、一九三八年のアタチュルクの死後は、政治活動をやめて教職に戻り、イスタンブール大学の英語・英文学部長を務める傍ら、執筆にも力を入れ、回想録や、高等教育を受けた女性の問題をテーマにした小説も書いている。

ある程度余裕のある家庭に生まれ、高等教育を受けて、有能であることを示すチャンスをつかめば、今日のトルコで女性が政治家や高級官僚、大学教授として活躍できる機会は日本より開かれていると言っていいほどだ。比較的最近の一九九三年には、タンスゥ・チルレル女史が世界でも数少ない女性首相の一人になっている。

しかし、女性の法的権利が確立され、官僚や専門職への道も開かれているとはいえ、都市部と農村部では女性の地位に大きな格差がある。地方ではまだまだ男性優位主義がまかり通っていて、女に教育は必要ないと考える父親に楯突くことができずにいる女性も少なくない。仕事の場面でも、女性が交渉相手であると、話も聞かずに「男を出せ」と言われることもあるという。

それが、トルコばかりでなく、近年、中東のイスラーム国のイスラーム原理主義への回帰現象と相俟って、外目には女性の進出にブレーキをかけているように見える。だが、ハリデ・エディブが書いているように、高等教育を受け、男性と対等に社会進出を果たしつつある女性であっても、イスラームの伝統や、ムスリムとしてのアイデンティティーを放棄しようとする人はほとんどいない。昨今のように、近代化＝西欧化が当然のような風潮が目立つようになると、地方都市ばかりでなく、大都市の高等教育を受けた女性たちのあいだでさえも、かえってイスラームの伝統に従ってヴェールやイスラーム服を自発的に着用する傾向が見られる。これは女性たちが昔のように家庭に閉じこもり、すでに得た自由を返上しようという意図からでたものではない。社会慣行のバロメーターがなんらかの〝行き過ぎ〟を示すようになると、まっとうに生きるための道しるべである「イスラーム聖法《シャーリア》」への回帰現象が表われてくるようだ。急速に近代化が進行し、その成果が定着しつつあるトルコのような国でも、宗教は決して形骸化していないのである。

後宮にいたシャー暗殺者の身内

一八九六年五月一日、イラン国王ナーセル・アッディーン・シャーが暗殺された。在位五十周年祝賀の式典前日のことである。犯人は反政府運動に携わっていたケルマーニーという男だった。英国やロシアなどのヨーロッパ帝国主義勢力に半植民地化され、産業・経済にまつわる開発利権（ロイター利権）やタバコ専売利権などを安易に外国に与えてしまっていたカージャール朝支配に不信感を強め、イスラーム世界の統合によって西欧勢力に対抗しようとした当時の著名な政治運動家サイイド・ジャマール・アッディーン・アル・アフガーニーの弟子である。

暗殺された国王の息女タージ・アッサルタネ（「君主国の冠」の意）はそのとき十二歳。その日の正午、「シャーが撃たれた、だが弾丸はそれた」というニュースが後宮《ハレム》に伝わると、女性たちは髪を振り乱し、恐ろしい形相でそれぞれの部屋からどっと繰り出して政府の建物に駆けつけ、口々に「シャーに会わせてください」とわめいたと回想録に記している。

女たちがこれほど取り乱したのは、シャーにもしものことがあれば後宮《ハレム》の自分たちはどうなるか、想像もつかないほど大きな恐怖に、ほとんど半狂乱になったためだった。シャーの死が事実であることが判明し、暗殺者ケルマーニーの身内の者が二人、この後宮《ハレム》内にいると聞くやいなや、位が下のほうの女性たちはこぞって内庭にかけつけ、二人を探し出すと、手当たり次第に石、杖、ナイフなどで飛びかかり、ところかまわず傷つけ、気を失うほど怯えている二人の娘を怒りに任せて引き立て、後宮《ハレム》の長《おさ》の住まいに連れて行った。

国王の愛妻の一人で、後宮《ハレム》の監督官だったアニース・アッドウレはみんなを静かにさせ、この娘たちに罪があるかどうか、調べがつくまで乱暴をしてはいけないと諭して、二人を政府の役人に引き渡した。公式の服喪が三日間続き、その後はみな、自室にこもって喪に服した。かつては昼夜を問わず気楽で愉快なところだった壮麗な王宮は、その華やぎを瞬時に失って、過去は一場の夢、空想の作り上げた虚構のように感じられたという。

恐れていたことはまもなく起こった。数日後、タージの異母兄である皇太子モザッファル・アッディーンが正式に即位するまでとりあえず時の実権を握った大宰相が、宝物庫の長だった弟とともに大奥《アンダルーン》を訪れ、新王のために入用だからという口実で金庫を点検し、やがて三、四十人の配下の者が十八日間、朝から晩までかかりきりで金貨を袋に詰めて王宮外に運び出した。

後宮《ハレム》のある女性は、個人で管理していた金貨や宝石を、彼女が夕食をとり空になった皿を下げさせる都度、皿に金貨を盛り、蓋を被せ、封印をしてから盆に載せて、戸口に立っている彼女の兄がそれを受け取って始末した。彼女は預かっていた帳簿の関係事項の記載をすべて抹消してから大宰相に渡し、大宰相もまた、自分に関するページを破棄したため、結局、宝物庫の管理記録はなきに等しくなってしまった。

だれも彼もが自分のことのみを考え、お金や宝石類などの貴重品を必死で後宮から運び出して外部で保管しようと躍起になった。タージと低位の妃だった彼女の母はそうした狂乱ぶりを茫然自失して眺めるばかりだった。宝冠など政府財産に相当するものは何も持っておらず、自分のお金で買ったささやかな品しか所有していなかったのだ。一週間後、新王の布告により、後宮《ハレム》の女性たちはすべて、持ち物を携えて後宮《ハレム》を出ることになった。子持ちの女性数人は別で、タージとその母はいくばくかの年金を与えられて、別の異母兄の母親の屋敷に移された。

タージ、十三歳の結婚

新王の即位から一年後、タージの婚礼が正式に発表された。というのも、実はタージは八歳のときにすでに、カージャール朝の古い軍人家系の末裔で、当時の近衛部隊長の息子ハサンと婚姻契約《アクド》が結ばれていたのである。

イスラーム法では、結婚実行の何年も前に婚姻契約《アクド》を結んでおいて、新婦は従来同様、実家の両親のもとで生活することが可能である。八歳の子供に結婚の意思があるわけがないから、当然、親や周囲の意向が優先で、姻戚関係の成立が忠誠や野心の成就に役立つことを目的にした政略結婚である。タージの場合、結婚相手が同年齢であったことはまだしも救いだった。父親か、時には祖父のような年齢の男性との幼児婚も決してめずらしくはなかったのである。

婚姻契約が結ばれたとき、父王は、実際の結婚はタージが二十歳になってからと決めていたはずだが、新王のもとで陸軍大臣兼最高軍司令官になった義父は、旧王の息女と自分の息子の正式婚礼を早めて、王室との関係がゆるぎないことを内外に示したかったのではないかと思われる。

結婚は、事実上、旧王の一族として蟄居中の囚人のような暮らしから脱出できる唯一の選択のように思えたと、のちにタージは率直に認めている。異母兄の新王は盛大な結婚祝賀式を挙げてくれ、祝宴は昼夜を通して四、五日続いた。しかし、花嫁花婿は二人とも十三歳。いよいよ二人きりになって身を清め、感謝の祈りを捧げ終わると、花婿はゲームをして遊ぼうと言いはじめた。そして、トランプ・ゲームで何度かタージに負けると拗《す》ねてしまった。二人ともいつも人からおべっかを使われ、かしずかれて育っていたので、どう折り合いをつけたらよいかわからず、同じ部屋で背を向け合ったまま、結婚生活をスタートした。いっしょになったその日から、二人の人生は別々の行路を取り始めたのである。口を開けば諍いばかりだった。

他方、新王は父が蓄積した国家の資産を瞬く間に浪費し、側近や取り巻き連中は庭園、別荘、莫大な金などを掌中にして私腹を肥やした。シャーのヨーロッパ訪問のために多額の費用を借款により調達したにもかかわらず、その資金の相当な部分が廷臣の懐に消えた。ヨーロッパ旅行では無用な資材の買い付け、計画性の乏しい身内の事業などに大金がばら撒かれ、さらに遊蕩、浪費の末、国民への帰国土産は膨大な負債だけで、国の独立を守るための武器はおろか、農業その他の普及、振興を促すような生産工場の一軒、有益な企業の一つが設立されたわけでもなかった。

宰相や大臣は猫の目のように代わり、街には不道徳、賭博、不品行、詐欺、窃盗がまかり通った。深慮ある人、国を憂える人はみな、終日家に引きこもり、事態を嘆くだけだった。タージはその頃の王朝のありさまを次のように回想録に記している。

一家の長が浪費家で、わが子や使用人らによる濫費を是認し、一生を放蕩に過ごせば、その無軌道ぶりはやがて隣人の目を引くことになるでしょう。すると隣人は、その向こう見ずの男に内々でお金を貸しつける機会はないかと思うはずです。そしてまもなく貸し手は、男の喉に負債という致死の毒を一滴ずつ注ぎこみ、借り手はついに自分の家屋敷を抵当に取られてしまいます。一旦そうなれば、隣人は男の家内問題に口を出し始めます。そしてこの人生の落伍者に強い支配力を揮い、男は隣人の同意承認なしには身動き一つできません。最後には借り手自身が破滅し、家族は永久に困窮に喘ぐことになるのです。(田隅恒生訳『ペルシア王宮物語　ハレムに育った王女』平凡社東洋文庫)

イラン立憲革命

義父はタージの持参金をうまく管理してやると言って取り上げた。夫は男色に耽り、やがて彼女は性病をうつされる。胎児への悪い影響を恐れた彼女は中絶手術を受けた。情緒不安定に陥り、三回も自殺未遂を起こしてすっかり落ち込んでいたのはおそらく一九〇四年ごろだろう。名は記されていないが社会主義的思考をもつ親戚の青年に、気分転換によいと勧められて、タージは彼からフランス語を習い始めた。知的好奇心に目覚めた彼女は、人気小説、ヨーロッパの歴史や地理、平易な科学や政治論、国際問題の新聞記事などを読むようになって目を開かれた。リュートの演奏技術を学んだり、美術教師について絵を描く楽しみも知った。

世界観の変化とともに、ヴェールやターバンを脱ぎ、西欧風の服装に切り替えることによって、旧弊に毒された社会に主体的に立ち向かおうとする傾向は、そのころ、男女ともにじわじわと広がっていった。この時期、ヨーロッパに留学した者や、イランの王立理工科学校や政治学院などの卒業生のあいだでは、専制政治の弊害を除き、帝国主義列強のイラン侵略に抗し、物質的後進性と宗教的盲信と戦うことによって国家の再建をはかろうという気運が高まっていた。

一九〇五年から一一年にかけてのイラン立憲革命運動の中心になったのは、開明的な聖職者、バザールやギルドを後ろ盾とする商人、ヨーロッパの立憲制の理想に刺激を受けた若手の貴族たちだった。一九〇五年十二月、彼らはテヘランのモスクに集まり、反動の象徴とみなされた宰相の解任と、司法省の設置を要求した。

国王モザッファル・アッディーン・シャーは、この要求を受け入れると約束はしたが、それを忠実に実行に移す気はなかった。そのため、王制に対する反感や不信は膨れ上がり、それを実際に運動で具体化する組織があちこちで結成された。翌年になると革命運動はいっそう盛り上がり、国王はこれに抗しきれずに宰相の解任と国民議会《マジュレス》の設置を約束せざるを得なくなった。

一九〇六年十月に開催された第一回国民議会で、憲法起草委員会が設けられ、同年十二月に瀕死の病床にあったモザッファル・アッディーン・シャーがこの憲法に署名した。だが、この議会選挙で選挙人になれたのは、貴族階級と富裕な階層のみであった。

「立憲制」は近代化へのもう一つの理想である愛国心と個人の自由へのスプリングボードにはなったが、これですんなり旧弊が一掃されたわけではなかった。モザッファル・アッディーンのあと王位に就いたモハンマド・アリー・シャーは、国会と立憲主義者を王朝の伝統にとっての仇敵とみなした。彼は帝政ロシアの賛同と後ろ盾をもとに一九〇八年六月にクーデターを起こし、国会議事堂を砲撃、一部の急進派を処刑し、憲法を停止した。それに続く内戦は一年後に革命派の勝利で終わり、シャーは強制退位させられた。

王位は当時十一歳の皇太子アフィマドが継ぎ、第二次国会が召集されるが、二十世紀初頭から始まっていた石油の試掘で、はじめてイランの石油が発見されると、帝国主義列強は虎視眈々と石油をねらい、この国の懐柔政策に乗り出して立憲派を悩ませ続けた。

一九〇九年に英国系のアングロ・ペルシアン石油会社が最初の発見者ウィリアム・ダースィーから石油採掘利権を引き継ぎ、一九一三年に英国海軍が艦船の燃料を石炭から石油に変えると、イラン原油の重要性はますます高まったため、翌年英国はアングロ・ペルシアン石油会社の五一%の株を買収して、アバダーンに大規模な製油所を建設。石油の生産から精製、流通などを牛耳るようになり、イランには会社の純益の一六%が支払われるだけだった。

注目を集めるタージの「回想録」

一九〇九年に反革命軍が王位奪回を企てたのに対し、立憲派の軍隊がテヘランに入城して王制派だったタージの夫の家は砲撃を受け、財産は掠奪された。夫は反革命軍に加わってロシアに逃れ、これがすでに破綻していた二人の結婚生活にとどめを刺すことになった。タージ・アッサルタネの回想録は、このように個人的にも挫折感を味わい始めた時期に書き始められた。

一九一四年のある日、タージが物思いに耽りながら、日差しが傾くのも気づかずに絵を描いているのを見て、遠縁に当たる青年美術教師が、気がふさぐことがあったら自分に話してみてはどうかと勧めたことから、口ではうまく話せないけれど、書いてみるならできるかもしれないと言って綴り始めたのがこの回想録である。

近年、この回想録の第十三章「女性の解放」が、イスラーム世界の女性問題の研究者や活動家の注目を集めていると聞く。そのなかで興味深いのは、一九〇六年十月に国会が開設されたものの、一九〇八年六月の反革命クーデターによる国会閉鎖から翌年七月の第二次国会成立までの「小専制期」に、バキアーノフというペルシアの自由のための闘士から、タージを含む貴族階級の女性宛に出された質問状に対する彼女の回答である。

質問状には、「一、立憲制とは何を意味しますか。二、独裁制と立憲制とでは、いずれが望ましいと思われますか。三、ペルシアにとって、進歩への道とは何でしょうか。四、ペルシアの女性には、どのような義務がありますか」という四つの問いが記されていた。

タージは、国民が公正な法の支配のもとに諸権利を回復するためには独裁制よりも立憲制が望ましいとはっきり答えたあと、ペルシアにとっての進歩とは、インフラの整備や国家予算の均衡などに加えて、「女性の面被《ヴェール》廃止の自由と、男性に対して対等の立場で支援・協力する自由の確立」であると述べている。

では、「女性のヴェールを取ることが国家の進歩にどのような関係があるか」と質問者から説明を求められて、彼女はまず、ヴェールの着用は都会の上流階級の習慣で、これは女性が教育も受けず、仕事にも就かないという社会慣習を生んでいることを指摘したうえで、こう回答した。

彼女が地方を旅行したときの観察によれば、田舎の人や砂漠に住む女性たちはヴェールを被らず、男も女もいっしょになって働いており、夫婦はおたがいに虚飾がなく、睦まじい。

ところが、都会の労働者は一人の男の働きで家族の女子供を養わなくてはならない。これは容易でないから、破廉恥な行為も平気でするし、悪事に走ることもいとわない。女子供たちがヴェールをつけず、教育を受けて、それぞれが職をみつけることができれば、それなりにゆとりができ、自尊心、貞節、そして家族として、国民としての誇りをもてるはずだ。

貴族や軍人などの上流階級は、政略結婚が多く夫婦の仲は必ずしもよいわけでもない。男は奢侈・放蕩に走り、奥方は暇つぶしに虚飾や社交に耽る。これには金がかかるから、俸給や、自分の地所からの上がりや役得の収入くらいではとても足りはしない。そこで彼は否応なしに深夜の密会でどこかから札束を受け取ることになる。(田隅恒生訳、前掲書要訳)

タージの回答は、イスラーム勃興時には女性の慎みを大切にするためのものだったヴェールが、男女の真の和合を妨げ、「何千何万もの汚らわしい、不道徳な風潮を生み出した」と指摘しているばかりでなく、二十世紀初頭の都市型経済の発展を妨げていることも示唆している。

自分の不幸に祖国の不幸を重ね見たタージは、一九一〇年代に設立された女性解放協会《アンジョマネ・ホッリヤテ・ネスヴァーン》の発起人の一人になった。これはイランにおける最初の女性協会の一つで、立憲時代の革命的な諸団体の活動の流れを汲むものである。この協会のメンバーの一人だったアメリカ人宣教師の妻で、当時、男子だけのアメリカン・カレッジの英語教師をしていたメアリ・ジョーダンは、女性の地位の改善は、なぜそれが必要かについて男性を目覚めさせることによってしか達成できないと確信し、「いかなる国家も、その国の女性のレヴェル以上に向上することはない」と学生に諭した。

フランス語を学んでいたタージは、十九世紀末のフランスの社会科学の権威で首相も務めたジュール・シモンの著書を読み、「一国の社会的向上は、すべてその国家の女性の地位と教育の向上にかかっている」という彼の言葉に遭遇して、救世が成るかどうかは人次第、その人を育てるのはまず母親であることを知った。

タージが回想録を書き始めた一九一四年といえば、日本では大正三年、平塚雷鳥が女性解放気運を高めるために雑誌『青鞜』を創刊したのがそれより三年前の一九一一年（明治四十四）だった。年齢も雷鳥はタージ・アッサルタネより二歳若いだけだ。今でこそ、平塚雷鳥は封建的道徳を打破した「新しい女」と評価されているが、当時は「なんという不都合なことを、女どもに吹き込むつもりなのだ」と罵られかねない風潮であったこともタージ・アッサルタネとよく似ている。

第10章

サウジアラビアのあるプリンセスの告白

世界的ベストセラーとなった“プリンセス三部作”

〝プリンセス三部作〟の舞台裏

一九九二年十月のある晩、サウジアラビア王族の一人が急遽、リヤドに新築したばかりの宮殿にすでに成人している子供たち全員を招集した。

やってきたのは一人息子と、十人の娘たちである。三人の娘はジェッダから、二人の娘はターイフから飛行機で飛んできた。配偶者を同伴していたのはプリンセス・スルターナだけだった。ビジネス界で弁護士として働く夫は、翌日、チューリヒで大事な仕事の打ち合わせがあるので、戻ったらすぐに参上しますと伝えたが、妻の父は何が何でも二人そろって顔を見せるようにと断固命令した。

一同が席につくと父が部屋に入ってきて、大きな黒のブリーフケースから一冊の本を取り出した。表紙にはトルコ風のモスクの尖塔を背景にヴェールを被った女性が描かれている。そのタイトル *Ich Prinzessin Aus Dem Hause Al Saud*（『私はサウード家の王女』）というドイツ語のタイトルを見て、プリンセス・スルターナは仰天した。

アメリカ人の友人に、ぜひサウジアラビアの女性の現状を書いてほしいと頼んで、匿名を条件に身の上話をしたことはある。それが本になってアメリカで大変な評判になり、よく売れているとは聞いていたが、その後、しばらく、著者と連絡が途絶えていたので、たくさんの外国語版が出ていることまでは知らなかった。

ヨーロッパで休暇を過ごしていた二歳年上の兄が、フランクフルトでそのドイツ語版を見つけ、表紙の〝サウード家〟の文字に惹かれて、だれかがゴシップでも書いているのかと思い、とりあえず求めてアラビア語にざっと訳させた。すると、それはまさしく自分を含む一家の物語であると知って、大急ぎで休暇を切り上げてリヤドに戻り、父親にそれを見せたのだった。

父はアラビア語の翻訳原稿のコピーをゴム・バンドで大雑把に束ねたものを集まった子供たちに配り、プリンセス・スルターナに向かって弾丸を浴びせるように罵りの言葉をまくしたてた。

父と兄は、「生まれたときからお前の中には悪魔が棲んでいる！　悪魔がこれを書かせたんだ！　反逆者！」とありったけの言葉でスルターナを罵った。だが、彼女は怒りが込み上げてくればくるほど、恐れ知らずになった。自分たち家族ばかりではなく、不幸な友人たち、彼女らの悲しい運命がむらむらと蘇り、自分のなかに新たな力が湧いてくるのが感じられた。

彼女の話を収録したのは、アメリカのアラバマ州出身のジーン・サッソン。一九七八年から四年間、リヤドにあるキング・ファイサル王室専門病院・研究センターの事務局で働いたあと、サウジおよび周辺国に十年あまり暮らすあいだに、サウジアラビアの大勢の女性と友だちになり、その暮らしを目の当たりにした女性である。

一九八三年、イタリア大使館の公式行事で、ジーン・サッソンはたまたまある非凡なサウジのプリンセスと知り合いになり、意気投合して大の仲良しになった。二人は異なった文化を背景に育ってきたにもかかわらず、本心を打ち明けあう友だちになった。ジーン・サッソンは彼女を通して、プリンセス自身とその姉妹や友だちの、ヴェールの向こう側の過酷な生活の実態を知った。このプリンセスが、のちにジーン・サッソンの〝プリンセス三部作〟の主人公になるプリンセス・スルターナである。

一九八五年、プリンセスからサウジアラビアの女性の不当な暮らしのことを本に書いてほしいと頼まれたとき、サッソンは最初、ためらった。だが、一九九一年四月、第一次湾岸戦争のあとクウェートが解放されてから、一年ぶりにサウジアラビアを訪れた彼女は、「プロローグ」で述べたようなささやかな女性の立場の改善の動きが、勝利をもたらすどころか、逆に封じ込められてしまったのを見て、プリンセス・スルターナの要望に応える決意をした。

〝リンゴ事件〟の傷

その中にこんなエピソードがある。

著者はプリンセスとの約束を守って、物語の主人公は、〝サウード家の王女〟というほどの意味の〝プリンセス・スルターナ〟、その他の登場人物も仮名にし、出来事の細部も多少変えてある。

一九五六年生まれのスルターナが七歳のときのことだ。パキスタン人のコックからもらったぴかぴかの赤いリンゴを、九歳の兄アリーが分捕ろうとしたのに抵抗したため、思いっきり撲られて床に叩きつけられた。日ごろから兄の横暴に腹が立っていた妹は、絶対にリンゴを渡すまいと、大急ぎでリンゴにかじりつき、呑み込んでしまった。

望んだものはなんでも得られて当然と思っている兄は、なんでも命令どおりに動く大男の運転手に言いつけ、抵抗するスルターナを軽々とかかえ上げて父親の前に差し出した。何が起こったのか、説明は兄にだけ許され、妹の発言はさえぎられた。

ベドウィンの社会では、女は幼いうちから自分の意見は言わないというきびしい掟を仕込まれる。男が女の主人であることを知らしめるために、罰として父はその場で妹のおもちゃを全部取り上げて兄にやり、食事のときに妹の皿に食べ物を盛る権利を彼に与えた。勝ち誇った兄は、以来、妹の皿には最小限の食物しか載せず、肉は一番まずい部分を切り分けた。毎晩、お腹がすいたまま自室に戻ると、兄は部屋の前に見張りを置き、母や姉妹が彼女に食べ物の差し入れをしないように番をさせた。そればかりではない。兄は夜中に湯気の立つトリ料理や、美味しそうな匂いのする熱々のライスをのせた皿を持って妹の部屋に入ってきて、これ見よがしに空腹の妹を侮辱した。このお仕置きは、兄がそれに飽きるまで続いた。

この〝リンゴ事件〟によって、スルターナは、女というものは良心のかけらすらない男にがんじがらめにされて人生を送るのだということをはじめて知った。抑圧された母や姉たちの暮らしを見るにつけ、彼女はいつの日か正しい裁きによって自分たちの苦悩が贖われてしかるべきだと信じないではいられなかった。

姉サラの結婚

スルターナの三つ年上の美しい姉サラは、十六歳のとき、父の一存で、一家と重要な取引のあるジェッダの六十二歳の商人の第三夫人として結婚させられた。

婚約が決まると、姉はくる日もくる日も烈しく泣きわめき、父を呪った。父はイスラーム教徒の慣習で四人の妻の家を平等に四日に一度ずつ泊まり歩いていたが、姉の抵抗にうんざりして、この家にはしばらくこないと言い放ったうえ、姉の不安を長引かせないために結婚の日取りを早めると宣言した。

普段はおとなしく、従順な姉は恐ろしく勇敢な行動をとって家族を仰天させた。彼女は毎日のように父のオフィスに出かけてゆき、自分は結婚するつもりはないというメッセージを置いてきた。さらに結婚相手である男性のオフィスにも出向き、「少女でなく、大人の女と結婚なさいませ」と書いたメッセージを秘書に渡し、それが梨の礫《つぶて》であることを知ると、当人に会わせてほしいと詰め寄った。娘の行状を知った父は激怒して、一家の電話を不通にし、サラを自室に監禁した。

サラは結婚して五週間目にガス・オーヴンに首を突っ込んで自殺をはかった。すぐに病院に運ばれたため、命は取り留めたが、夫のもとに戻されるなら生きていたくないと再度の自殺をほのめかした。原因は夫がサディストで、その性的暴力に耐え難かったからだという。母はいつになく決然と立ち上がって、自分自身が夫から離婚される危険ものともせず、娘を離婚させると言い張った。

イスラーム法では男性は簡単に離婚できるが、女性の離婚申し立てを成立させることはむずかしい。だが、サラの夫は事が表沙汰にされて、仕事上、王室とのコネが効かなくなるのを憂慮して、不承不承離婚に同意した。

これを機に、プリンセス・スルターナは、女性も自分の一生の運命を左右するような問題に対しては自分の意思をはっきり表明するべきであると身をもって知った。そして、女性にも人間としての尊厳が認められるように、自分も働きかけてゆこうと決意した。

もちろん、親の決めた結婚で見知らぬ人に嫁いだ女性がすべて不幸なわけではない。プリンセス・スルターナのもう一人の姉ヌラは、親の決めた見知らぬ人と結婚したが、結婚生活に満足していた。夫が思いやりのある、よく気のつく人だったからである。

スルターナ出奔

プリンセス・スルターナ自身にも十六歳のとき、同じ王室の従兄に当たる弁護士のカリームとの縁談が持ち上がった。カリームは二十八歳。ロンドンで弁護士の資格をとって、ビジネス・コンサルタントとしてリヤドに自分の法律事務所を開いたばかりだった。結婚はスルターナの教育が終わってからでよいという。

結婚前に一度会ってみたいという希望もかなえられた。あとで聞いたところによると、カリームはスルターナが普通の娘と違ってやんちゃで気が強いという親戚中の評判を確かめるために、彼のほうから出会いの機会を彼女の父に申し出てくれたのだった。カリームは実は、おとなしいだけの女性よりも、おたがいに気脈の通じる相手を望んでいたのだ。

だが、スルターナは結婚して八年目、一男二女に恵まれたあと乳がんに冒され、片方の乳房を切除し、これ以上子供をもたないほうがいいと医師から言われた。病気のショックからようやく回復したある日、夫はもっとたくさんの子供がほしいから、第二夫人を娶りたいと打ち明けた。彼女は到底許せないと思って、離婚の意思を表明したが、その場合、子供の養育権は失われるという。これまで、夫を愛し、尊敬していただけに打撃は大きかった。

スルターナは夫の留守中、金庫にある数十万ドルの現金をひっつかみ、三機ある自家用ジェットの一機をキャンプに行っている子供が急病だからと偽って用意させ、子供たちとともにドバイに脱出した。旅行先で長男のために預金されていた六百万ドルをスイス銀行から下ろしてリヤドの自分名義の口座に振替え、ロンドン、英領チャンネル・アイランド、ローマとあわただしく動いて行方をくらまし、パリ郊外に偽名で家を借りて家政婦と運転手を雇った。

しばらくして、たった一人信頼できる姉サラにこっそり電話をしてみると、夫はすっかり動転して何も手につかず、とにかく子供を連れて帰ってきて、話し合いたいと言っているという。しかし、スルターナはもう二度と会いたくない、ほかの国で自分と子供の市民権を取得する、息子のアブドゥッラーも父と会うのを拒んでいると伝えさせた。

家出から五カ月後、二人はヴェネツィアで会って話し合うことになった。スルターナは腕ずくでリヤドに連れ戻されないように、屈強な四人のドイツ人ボディー・ガードを連れて出かけた。スルターナは、自分たちが夫婦でいる間は別の妻を娶らないという法的に有効な書類に夫が署名したら、リヤドへ戻るということで妥協した。もし夫がその約束を破ったら、スルターナのほうから離婚を請求し、子供の養育権と財産の半分をもらう、また、いつでも国外に出られるように自分と子供のパスポートは自分が管理する、などの付帯条件をつけて。

さらに一カ月の冷却期間をおいて、彼女はリヤドに戻った。両親の事情をまだ理解できない幼い子供たちは、久しぶりに父に会えて大喜びした。スルターナは新たに出来た女子の大学の一つに入り、哲学の勉学に挑戦することによって人生をリセットした。

思春期の子供たちは今

湾岸戦争当時十五歳になっていた長女マハは、仲良しの十七歳の友だちアーイシャと、学校が終わってから週二回、地元の病院にボランティアとして働きに行った。戦争が終わっても、娘はその仕事を続けたいと言うので、ある日のこと、病院まで車で送ろうとして娘の部屋に行き、持ち物にそれとなく目をやったスルターナは、実弾を装塡したピストルがあるのを発見して仰天した。

わけを訊くと、戦時中はいつイラク軍が攻め込んでくるかもしれないので護身用に持っていたが、戦争が終わってからは、急に取締りがやかましくなった宗教警察《ムタワィーン》が街頭で女性を脅したり、嫌がらせをしたりするので、行動の自由を確保するために持っているのだという。入手先は友だちのアーイシャの父が武器のコレクターなので、そっと失敬してきたとのことだった。

両親はびっくりして、さっそくアーイシャの両親を訪ね、武器は返上して、今後病院へのボランティアは中止させ、二人の付き合いはしばらくやめさせて、それぞれの家庭で厳重に監視・指導することで話し合いがついた。そこで別室に待たせておいた娘たちを呼んで、事の次第を言い聞かせると、マハは逆上してこう叫んだ。「言われたとおりになんか、するものですか！　アーイシャと私はこの憎むべき国を出てゆきます！　女にとってこれほどひどい国はないわ！　もしつつましく生きている女の子がいたら、バカよ！　気が変にならずに生きていたら、偽善者です！　神の存在を信じているのは、よっぽどの低能だわ！」。この国では死罪にされてもおかしくない台詞である。

夫カリームはばね仕掛けの人形のように飛び上がり、「なんという冒瀆者！」と叫んで慌てて娘の口を押さえた。アーイシャの母は金切り声を上げて気を失った。マハは突然、巨人のような馬鹿力を発揮して烈しく抵抗したが、カリームとスルターナはなんとか娘を車に押し込んで家に連れ帰り、すぐにエジプト人の医師を呼んで鎮静剤を与えた。医師の所見によれば、思春期の女の子にはよくある現象で、一時的に大量のホルモンが生成されて、それが突飛な行動に走らせることがあるのだという。

娘が落ち着くとすぐに、夫妻は娘を自家用ジェットでロンドンに運び、精神病院に入れた。入院して三カ月、親切な主治医はゆっくりと娘の心を解きほぐしていった。はじめは両親との対話さえ出来なかった娘は、主治医に促されて、自分の心象風景を日記に書けるようになる。精神科医の診断によれば、彼女と友だちのアーイシャは同性愛関係にあったという。そうなった原因は、二人とも、男性に対する徹底的な嫌悪感だった。

マハは学校で知り合いになった友だちアーイシャの家によく遊びに行っていた。彼女の父はモダンな家具を扱う裕福な商人で、正妻のほかに始終、若い女を〝一時妻〟にしていた。

マハがロンドンの病院で回復期に入ってから告白したところによれば、ある日、アーイシャから突然電話があって、自分の家にきてほしいと言われた。行ってみると、アーイシャは父親のベッドルームの隣の部屋に小さなのぞき穴を作ってあって、そこから面白いものが見えるという。二人がのぞいている間に、アーイシャの父が数人の若い処女の女の子を次々に陵辱するのを見た。二人は少女たちの叫び声を聞いて、二人は男性との肉体的関係は絶対にもちたくないと心を閉ざした。

二人はアーイシャのベッドで抱き合い、攻撃的で支配的な男の愛にくらべて、女同士の愛がいかにやさしく、あたたかく、心和むものであるかを確かめ合った。マハは母の腕の中で、自分も平凡で、幸せな女の一生を送りたいけれど、きっとだめね、と言ってすすり泣いた。

次女アマニの動物偏愛

次女のアマニは、おもちゃよりも本が好きな、凝り性でもの思いに耽りがちな子供だった。小さいときから異常なほど動物好きで、生き物はなんでも集めてきて一生懸命世話をした。ところが、アラブの男たちはみな、大の狩猟好きである。父親と息子は他の王室の男たちと砂漠に狩に出かけ、ガゼルや野ウサギを仕留めてくる。アマニは死んだ動物を見るに耐えず、父親の猟銃の弾丸を隠してしまったり、剝いだ獲物の皮をゴミ箱に捨ててしまったりした。

アマニは捨て猫や迷い犬を何十匹も集めて、中庭はまるで動物園のようになった。犬はとりわけイスラーム世界ではえさをもらって主人の言いなりになる生き物として軽蔑され、不浄な動物として、犬が水を飲んだ容器は七回洗えと言われている。

アマニはそれも承知で、宮殿の賄い部に預けてある食費をかすめとって、使用人に並々ならぬ袖の下を渡し、野良犬や野良猫を集めさせた。たまりかねた父親が庭の一角に動物園のように囲いを作り、その中だけで飼うようにと命じたが、娘は数匹の猫と犬は自分の部屋で飼わせてほしいといって聞かなかった。鳥かごに入ったためずらしい種類の小鳥を次々とほしがり、数日、世話をした後、鳥かごを開けて大空に放してやるのを無上の愉しみにした。

父親は精神科医に相談し、娘がもっと他に打ち込むことが出来るものをみつけて、そちらにエネルギーをそそげるようにいろいろと気を遣った。ある日、単刀直入に、「お前の人生の目的は何かな？」と訊ねると、娘は子供のように晴れ晴れとした表情で、「男性からすべての生き物を救うことよ」と答えた。

それからまもなく、一家は湾岸戦争で控えていた恒例のメッカへの巡礼の旅に出た。老若男女、貧富や身分の違いをいっさい捨てて、質素な巡礼服に着替え、巡礼道をゆっくりと進む。やがてメッカの聖なるモスクが見えてくると、礼拝指導者に先導されて、細かなしきたりどおりに祈りを捧げながらモスクの中庭へと入ってゆく。

中庭には赤のシルクのカーペットが敷かれ、巡礼者は静かに座って聖典を読んだり瞑想に耽ったりしていた。やがて礼拝進行係の声が響き渡り、神の前ではなんの差別もない一人の人間としての安らかな思いに満たされる。一家はカーバ神殿の内部にも案内された。スルターナは建物の角ごとに、神がアラブ人男性たちを預言者ムハンマドの教えの正しい解釈にお導き下さるように、妻や姉妹や娘たちが日々のきびしい拘束から解放されるようにと祈った。

気がつくと、娘のアマニが薄暗がりの中で忍び泣きをしている。彼女は涙に咽《むせ》びながら、王室の贅沢な暮らしと縁を切り、人間の邪悪さを撲滅できるような力を与えてくださいと小さな声で祈っていた。

この巡礼旅行で、アマニは自分の祈りがいつの日か聞き遂げられると実感できるような神秘的宗教体験をしたようだった。帰宅すると、彼女は自室にこもって何時間も気が狂ったように祈り続けるようになった。

反体制シンパに

一九九七年夏のある日、プリンセス・スルターナと二人の娘がたまたまテレビを衛星放送チャンネルに切り替えると、英国の番組に一時この国の王室をひどく憤慨させたサウジアラビア人大学教授ムハンマド・アル・マサーリ博士が登場したので、思わず膝を乗り出した。

博士はサウード国王大学物理学教授だった人で、一九九二年から九三年にかけてサウード王家の政策を非難する「勧告覚書」を提出し、さらにこれに従って「合法的権利擁護委員会」を創設して、閉鎖的なサウジアラビアの現政権に挑戦する構えを示した反体制政治組織のスポークスマンだった。

彼は逮捕・拘留され、やがて釈放されたが、政府当局から執拗な嫌がらせを受けたため、サウジアラビアを逃れてロンドンに亡命し、同地にこの委員会の事務所をつくって、インターネットを通じてサウード王家の腐敗ぶりを非難し続け、それが近年、西欧側のメディアから大変注目されるようになった。このウェブサイトには、サウジアラビアに関する世界のメディアの反応ばかりでなく、この国の反体制運動の経緯がこまごましたエピソードも含めて収録してある。いったいだれがそうした秘密を彼に流したのか?

「なぜマサーリ博士は地位も名声も捨てて、家族を危険にさらしてまで、これほど私たち王族を憎むのかしらね？」とスルターナがテレビを見ながら何気なくつぶやくと、一時は動物を溺愛したり、自室に閉じこもって狂信的に祈り続けたりしたこともある次女のアマニが、「そのわけを教えてあげましょうか？」と挑戦的に言った。スルターナは娘が反体制シンパになって、この組織に加担しているのかと思ってぎょっとした。

「いいえ、ご心配なく。教授の組織は女人禁制よ。私はお呼びではないわ」と笑ったアマニは、親友の兄が博士の熱烈な支持者で、その友だちを通じて博士の活動の詳細を聞いているという。アマニの話によれば、博士の運動は容易に実を結ばずにいたが、一九九〇年のイラクのクウェート侵攻で事態は一変した。

サウジ王室はいざとなると自分たちだけでは国の防衛ができないことを知って愕然とした。国民軍の組織化の提案はそれまでたびたびあったにもかかわらず、有能な軍隊は国王に反旗を翻すクーデターを起こしかねないと見て、許可しなかったのである。

それまでの経緯をざっと記しておこう。

一九七九年、目と鼻の先で起きたイラン・イスラーム革命の成功に刺激されたサウジの若者約五百人が、それから約九カ月後にメッカのアル・ハラム・モスク（神聖なモスク）に立て籠もり、暁の祈りが終わった直後に暴動を起こした。暴徒らは、腐敗・堕落に陥り、異教徒の外国人に依存して近代化路線を突っ走るサウード家の王族を一掃すると宣言して抗議行動に出たのだった。

　王家の支配者たちは、「神の家」を占拠し、執拗に抵抗するグループの存在にうろたえ、鎮圧部隊三千人を出したが、抵抗が激しく、結局フランスの特殊部隊の協力を得てやっと制圧し、首謀者ら六十三人をリヤドなど八都市で公開の斬首刑にした。その無残な光景を見た国民の、民意を汲み上げることのない統治者に対する怒りと無念さは想像するに余りある。

　アフガン戦争がはじまったのは、この暴動のほとぼりも冷めやらぬその年の暮れのことだ。サウード王家はパン・イスラーミズムの立場から、若い敬虔なイスラーム教徒たちを無神論者のソ連赤軍部隊との聖戦《ジハード》に送り出した。事実上は、莫大な義捐金をつけて、国内の不満分子を追い払ったと言われる。その中に二十二歳のウサマ・ビンラディンもいた。

　アフガン戦争が終わって一九九〇年にいったんサウジアラビアに帰ったビンラディンは、アフガン帰還兵による福祉団体を立ち上げ、戦死者の家族のために募金を集めた。湾岸戦争がはじまると、彼はこの帰還兵を中心にイラクと戦う国民軍を組織化しようと王室に働きかけた。ところがファハド国王はこれを反体制運動と見て却下した。

　サウジアラビアでは平時でも、多大な防衛費を使って主にアメリカから最新鋭兵器を大量に購入しているが、それらを実際に操作し、維持・管理するための自国兵の養成には及び腰だったため、常時、軍事顧問という形態で大量の外国人軍人を駐留させていた。

　そういうわけで、いざ戦争となれば、事実上指揮をとり、戦うのは外国軍ということにならなざるを得なかったのである。突然大量の外国軍が入ってきたのを見て、一般のサウジ市民は突如、政治づいた。「われらが愛する郷土に導入された外国軍は、サウード王家の棺の蓋に打ち込まれる最後の釘だ」という声があちこちでささやかれるようになった。西欧の軍隊の到着で、サウジ国民は永い眠りから目覚めたのだ。

クウェート解放後も米軍約二万人がサウジアラビアの基地に残ることになって、ビンラディンの王室批判はエスカレートした。「好ましからざる人物」というレッテルを貼られ、一時スーダンに逃れるが、引き続きサウジ王室批判を続けたため、王室は九四年、彼のサウジアラビア国籍を剝奪した。アメリカとサウジアラビアの双方の圧力でスーダンにもいたたまれなくなった彼は、九六年五月、アフガニスタンのタリバンのもとへ戻り、そのシンパたちとともにサウジ王室とはコインの裏表であるアメリカに対する攻撃の準備を着々と重ねた。

サウジの命運は「あと二十年」

サウジアラビアのインテリたちもじっとしてはいなかった。彼らは秘密の会合に参加し始め、反体制グループが形成された。当惑した国王は秘密警察にその中心人物であるアル・マサーリ博士を逮捕させ、リヤド郊外のアル・ハーイル拘置所に六カ月間拘留した。博士は収監中に拷問を受けたこともアマニは知っていた。尋問中に監守は博士の顔に唾を吐きかけたり、竹の棒で彼の足を叩いたり、髭をつかんで引っ張ったり、横面を撲ったりしたという。博士は異端の罪で有罪とされ、自白を強要されたが拒否した。

最高宗教学者会議の意見はまとまらなかった。彼らが裁こうとしている人物は明らかに「勇気の人」だ。法律的には有罪なら斬首刑、無罪なら釈放だが、彼らは博士が支持者たちから殉教者に祀《まつ》り上げられるのを恐れ、今後、政治論争に関与しないという条件で身柄を釈放させた。だが、博士は蟄居しているような人ではなかった。釈放されるとすぐ、委員会の活動に復帰した。だが、反逆罪で極刑に処せられる可能性があると耳打ちされて、博士はサウジアラビアを出て、国外で闘争を続ける決意をした。

博士と友人の一人は、病気で入院中の友だちを見舞うふりをして、病院の中で博士と見た目がそっくりな第三の人物と会い、その男が博士になりすまし、きたときの友人といっしょに病院を出た。尾行者が二人の跡について十分遠くまで行ったのを見極めたうえで、博士はリヤド空港に急行し、偽造旅券でイエメンとの国境にある小さな町へ飛んだ。そこで二日間待機し、イエメン人連絡員の手引きで、監視の手薄なルートを通って徒歩で国境を越えた。イエメン側では別の連絡員が待っていて、博士をロンドンへ旅立たせた。

「博士が逃亡したあと、ご子息や兄弟が王室から人質にされていたことだって、みんな知っているわ」とアマニは深いため息をつきながら、安楽椅子にどさっと身を投げて言った。「嘘じゃない、この国の三十歳以下の人なら、みんなこの話は知っています。今ではものすごくたくさんの若者がアル・マサーリ教授をひそかに支援しているのよ」

あとで話を聞いた夫のカリームは、娘が一族を権力の座から失墜させようとしている男のシンパになったのかと思って仰天し、娘を反逆者に育てたのはお前だろう、と妻を詰《なじ》った。アマニはぎゅっと下唇を噛み締めると、「待ってちょうだい、お父様。面白いものをお見せするわ」と言って、自室から持ってきたブリーフケースの中から数枚の書類を取り出した。

　ざっと目を通すと、聞きしに勝る悪事を働いている王族が大勢いるのに、だれ一人告訴されていないという事実が詳細に述べられていた。

「お父様、サウード家は身内の子供たちを逮捕しないことになっているの？」とアマニは詰め寄った。

「王室の敵が嘘や誇張をばらまいているのだ。わが娘が敵に与《くみ》するのは許さん！」

「わかったわ」と娘は応えて、いったんその場を収めた。

　翌日、当惑と怒りがいくらか沈静してから夫はこう言った。

「スルターナ、現実を直視する時がきた。国王の身内であるうちの娘までが体制に批判的なのだ。他のサウジ国民がどう考えているか想像がつくだろう。多分、われわれの生きている間ではないかもしれないが、われわれの子供の時代にはきっと、サウード家は没落する。王室は次第に支配権を失い、サウジアラビアもイランやアフガニスタンの二の舞になるのではないかと心配だ」

　カリームはさらに声を落とした。「われわれが権力の座にいられるたった一つの理由は、アメリカがサウジの石油を必要としているからだ。いつかはその需要を満たす代替燃料が出現する。すでに科学者たちはその代替品を発見しつつある。そうしたら、サウジアラビアは、そしてわが王室はアメリカにとって御用済みになる。僕の推定では、あと二十年以内だな」。

アメリカの同時多発テロ事件直後の二〇〇一年十月に行なわれたある世論調査によると、サウジの二十五歳から四十一歳までの教育のある人たちの九五パーセントがビンラディンを支持していたという。その裏には、かりに民主的な選挙が行なわれたとすれば、ホメイニー師のイスラーム革命以上に急進的なイスラーム政権が生まれかねない風潮が疼《うず》いている。

なぜそうなのか、一九九七年までCIAの中東担当エージェントだったロバート・ベアは、近著『悪魔と共寝して』のなかで、アメリカ国民が重度の〝石油依存症〟に罹《かか》っているからだと説明している。そのため、いかなる政権もエネルギー政策に行き詰まればたちまち権力の座から追い落とされる。そこで、歴代のアメリカ政権は大事な石油という持参金付きの花嫁であるサウジアラビア王室を、「愛しているよ」と言って自分のベッドに招き入れ、どんなわがままも見て見ぬ振りをしてきたばかりか、ともにうまい汁を吸い、しかもそのことを国民には内緒にしてきた。現実を直視するべきはサウジ王室ばかりではなかったのだ。

すると、世界貿易センター・ビルへの自爆テロは、「蜜月は終わった。最後のキスを！」という警告だったのかも知れない。

エピローグ——女たちのジハード

イラク

サウジアラビアと長い国境を接するイラクでは、「現実政策《リアル・ポリティク》」の実践者だったサダム・フセインが社会主義を取り入れたおかげで、この国の女性たちは近隣のイスラーム国のなかでは一番、女性の権利や選択の自由が認められてきた。男女ともに同一労働同一賃金、産休は五年間とれる。弁護士、薬剤師、大学教授などの専門職も多く、医師の三八パーセントは女性。女性国会議員の比率は七六～七七頁の統計（一九九九年）で見ても、六・四パーセントと日本より高い。服装も比較的自由だった。

ところが、二〇〇三年四月のアメリカのイラク占領後、治安が著しく悪化し、婦女暴行、誘拐が急増しているという噂が広まって、心配のあまり、娘や妻を外に出さない家庭も増え、女生徒の登校率は減り、会合などに出席しにくくなった。バグダード州の大学の一部でも、校門の前に女子学生の「ジーパン・スタイル禁止、ヴェール着用」などの看板が立てられるなど、治安維持を理由に女性を隔離し、社会進出を阻もうとする復古的な兆しが見られる。

戦後の政治的空白を好機と見て、イスラーム復興運動がシンパを組織化するのに恰好な標的として狙っているのは、貧困層の多い南部のシーア派・イスラーム教徒地帯である。人口比では六〇パーセントを占める多数派であるのに、これまで政治的には劣位に置かれてきた彼らは、旧政権時代に何度も圧政に反旗を翻したが、そのたびにきびしい弾圧を受け、数十万人（彼らに言わせると数百万人）が虐殺された。

とりわけ一九九一年の湾岸戦争中、アメリカは「フセイン政権を転覆せよ」とイラク国民にけしかけておきながら、戦争直後、南部シーア派地域で反体制蜂起が勃発すると、同じシーア派の宗教勢力の強いイランとの連携を恐れて彼らを支援しなかった。それが彼らの犠牲を大きくした。だから、南部を中心としたイスラーム勢力は今もアメリカを信用していない。アメリカの占領を一日も早く終わらせ、イラク人のためのイラク人による政府を立ち上げるべきだと勢いづき、宗教色を鮮明にしたプロパガンダを人々に吹き込んでいる。

このようなイスラーム勢力の台頭を女性たちは心情的には理解しているが、せっかく築いてきた女性の地位を後退させれば、母として職業人として、社会の末端のニーズを把握・分析できる立場にある女性の声が戦後復興に反映されなくなる恐れがある。そこで、クルド人を含む北部の女性たちを中心に、アメリカの暫定行政当局や世界の婦人団体に支援を求めている。一九八〇年代からの戦争つづきで、このところイラクの人口の男女比は四対六と女性のほうが多い。イスラーム勢力が女性パワーを敵にまわすか、味方につけるかに今後の動静がかかっている。

チェチェン

カスピ海の西、カフカス山脈の北側にある石油・天然資源に恵まれた小さな自治共和国チェチェンは、旧オスマン帝国領の北限に位置していたため、数百年にわたって南進をうかがうロシア帝国から絶えず狙われていた。ロシアの植民地化政策に抵抗して聖戦を唱えるイスラーム教徒の戦闘的教団が一八五九年に帝政ロシア軍に敗れて以来、チェチェン人は形の上ではロシアに併合されたものの、独立の気概を失うことはなく、ひそかに抵抗を続けてきた。

部族とイスラーム信仰による結束が非常に固いチェチェン人は、味方にすれば最高、敵にすれば最悪と言われる。一九一七年のロシア革命以降、共産党はチェチェンに大幅な自治を認める代わりに革命政府への忠誠を求めたが、彼らは村を解体して集団農場にすることにあくまで反対した。彼らの反骨精神に手を焼いたスターリンは一九四四年、人口の約半分の二十五万人を突然の命令で強制移住させ、反革命運動の分断を図るが、これがかえって裏目に出た。

移住させられたチェチェン人の多くが過酷な生活条件のなかで死亡したり、いい知れない苦労を味わった。この受難が生き残った人たちの信仰心をますます強くしたのである。一九五七年に移住者に祖国への帰還許可が出たが、帰ってみると、元の住居にはロシアからの移民が住みついていて、おいそれと明け渡してはくれなかった。人口比では約二〇パーセントになっていたこうしたロシア移民の末裔たちを保護するという名目で、ソヴィエト崩壊後も、ロシア政府は、相変わらず反抗的なチェチェン人の動きを牽制し、独立を阻止してきた。

そうした中で起こったのが、二〇〇三年七月五日のモスクワ郊外の野外コンサート会場での黒衣の二人の女性による自爆テロである。十四人が死亡、六十人が負傷した。そのうちの一人がチェチェンのパスポートを持っていたために、独立派のテロと断定され、国際的な資金援助ルートとの関係も取り沙汰された。百二十八人が死亡した二〇〇二年十月のモスクワの劇場占拠事件の際も犯人の中に女性の姿があり、翌年五月から六月にかけてもチェチェン周辺で女性による自爆テロが三件続き、百人前後が死亡。未遂事件を含めると看過しがたい数になっている。

これまで表立ったことはしなかったムスリム女性がなぜ立て続けに事件に関与しているのか？　こうした現象は何を物語っているのか？

チェチェンはどちらかというと古風な土地柄である。年長者は尊敬されていて、目上の人が入ってきたら起立し、年長者が腰をおろすまでは座らない。男性は、好きな女性がいても、その女性の身内の男性がいる前では、彼女に話しかけたり、そばへ寄ったりしない。プロポーズは、女性に小さな贈り物をねだる。もし彼女がそれをプレゼントしてくれたら、結婚を承諾したことになる。男同士が喧嘩をはじめたら、女性がその前にそっとハンカチを落とす。そうしたら二人は喧嘩を止めなければならない。

そういう控えめな女性たちがテロ行為に出るのはよほどのことだ。ロシアの度重なる武力行使で大勢の男たちが死んでいった。残った男たちは近隣諸国へ国境を越えることを禁止されている。だが、国は戦禍で荒れたままで仕事もない。これまで家の中に閉じこもっていた女性たちが、仕方なく国境以遠の難民キャンプの食事つくりや、タバコ売りなどに出かけてわずかな現金を手にし、それで家族が暮らしを立てている。ムスリム男性としては実に面目ない。武器とささやかな手当てが出ると聞けば、男たちは立ち上がって出て行かずにはいられないのである。大きな声では言わないが、独立派の抵抗が顕著になるたびに鎮圧に送り込まれるロシア軍兵士による強姦もあとを絶たない。

ジュネーヴ協定では戦時における強姦はれっきとした戦争犯罪として禁止されているので、堂々と訴えたいところだが、ムスリム社会では強姦された若い娘は嫁の貰い手がなく、人妻であれば離婚されることが多いので、事実を知っても黙っている。それがチェチェン社会の大きなトラウマになって疼いている。抵抗運動を疑われただけで収監され、時には激しい拷問を受けたりする夫や息子を釈放してもらうために、車やダイヤのイヤリング、時には結婚指輪まで差し出す女性もいるという。

もう失うものがなくなった未亡人たちは、自殺者は神の教えに反するのでムスリム墓地に葬ってもらえないことを知りつつ、黒衣の下に爆薬を巻きつけて死出の旅に発つ。女性は近隣国の身内の訪問や、買い物（売り物も）に移動の自由が許されている。しかし、国境その他の検問所では、男性の検問官はムスリム女性の身体に手を触れてボディ・チェックはできないことがロシアにとっては仇になった。モスクワの野外劇場で取り押さえようとした警察官に対して、女性自爆テロリストは最後にひとこと、「近寄るな！」と叫んだ。

モロッコ

アフリカ大陸の北西端にあるモロッコは、その長い歴史を物語るかのように、言語や生活習慣にスペイン、フランス、ポルトガル、ベルベル、アラビアなどの影響が色濃く残っている。司法制度はイスラーム法を基本にしているが、国内法は一九五六年まで宗主国だったフランスの刑法の影響が大きく見られる。だが、地方の部族の慣習や伝統は西欧の影響に劣らず健在だ。サハラ砂漠の遊牧民トゥアレグ族は、昔から「アマゾン」と呼ばれる女武者で名高いほど女性が勇ましい。彼らはのちにイスラーム教徒になったが、それ以前からの風習が今でも生きている。

たとえば、イムリチルという町では、毎年、結婚相手を探す祭りが行なわれる。独身者、離婚者、若者、中年など自由に参加でき、気に入った相手が見つかったら、祭りの間に出張してきている役所の書記に届出をすればよい。たった一日、あるいは一カ月、一年で別れても差し支えない。金銭の負担も、気持ちのこだわりもなく、宗教的に恥ずべき行為ともされない。

国の一部にこうした地方があるくらいだから、女性は元気がいい。この国では女性の裁判官は全体の約二〇パーセントを占めていて、その比率はアメリカより高い。女性に能力があり、教育を受ける機会があれば、女だからと言って就業を妨げられることはない。だが、問題はそういう女性を輩出できるのは、一部の裕福な階級に限られるということだ。

ムスリム共同体の理想は、基本的には貧富や身分、人種の違いを超えてみな平等な信徒であることなのだが、同じ階級以外の人と結婚する例はまれである。その結果、豊かな階級はますます豊かになるが、貧しい階級はますます貧しくなり、その格差がさまざまな社会問題を生んでいる。

一九八〇年代には、モロッコの地中海側地域の男性の六〇パーセントがヨーロッパに出稼ぎに行った。すると夫が留守中の妻が一家の采配を振るようになって女性の力が強くなり、それが伝統的なモロッコの家族の家長の権威を弱めているとイスラーム原理主義者の間で声高に議論されるようになっている。

モロッコの女性にとって一番の問題は、離婚でも、子供の養育権でも、イスラームの掟でさえもない。失業、貧しさこそ最大の問題なのだ。いくら法律が整備されていてもお金がなければ弁護士を雇うこともできない。加えて識字率の低さがある。文字が読めなければ、新聞の求人欄を読むことすらできない。この悪循環を断ち切るためには、草の根ネットワークを作って、子供に文字を覚えることの大切さから教えていかなくてはならない。

ある女性の社会党国会議員候補は言った。「民主主義は天から降ってはきません。民主主義とは何かを学ぶことからはじめて、悪戦苦闘しながら実践していくしかないのです」。

エジプト

明るい水色のしゃれたイスラーム・コートに同素材のパンツ、ラメ入りの白のニットのヘジャーブ姿で『ニューズウィーク』誌二〇〇二年十二月三十日号のインタヴューに応じたふっくらした女性ソウアド・サラフは五十六歳。メガネをかけたやさしい笑顔は、四人の孫がいる正真正銘の〝おばあさん〟そのものだが、実はこの女性はイスラーム学では世界最古の名門カイロのアル・アズハル大学女子部の法学部長である。

一九六〇年代にはじめてこの大学に入学を許された女性の一人で、二〇〇三年一月現在、アル・アズハルで最初の女性イスラーム法官になろうと運動中である。「イスラームでは女性が法官になることを禁じてはいませんからね。知性においては、女も男も同じです」と静かに言う彼女は、すでに十年以上も女性のためのカウンセラーとして、結婚、保健衛生、性の問題などについて非公式ながら「法的見解《ファトワ》」を出し、著書や講演、衛星テレビにも出演してイスラーム法について女性ならではのユニークな解釈を示している。

彼女は、女性も家庭婦人としての義務に差し支えがない限り、積極的に公務に就くべきであると奨めている。イランやアラブ首長国連邦ではすでに女性のイスラーム法学者が「法的見解」を出す権利を持っているが、エジプトではこれまで慣習的に認められていなかった。女性差別や蔑視はイスラーム以前からの習慣であって、真のイスラームの教えでは、男女は平等でたがいに相手を尊重するようにと説いているのだから、千四百年前に女性に与えられていた権利を自分のものにしましょう、と彼女は言う。

だが、彼女は決して男女同権主張者ではない。犯罪の種類によっては、男性一人の証人に対して、女性ならば二人必要であるとするイスラーム法を当然として支持してもいる。しかし、女性が教育を受け、仕事に就くのは当然のことで、公の場で顔まで隠せとか、車の運転や婦人参政権を認めないなどの禁止事項はイスラーム法に反するものであるという意見だ。

その彼女が、女性の割礼に賛成する見解を示したことがあると聞いてびっくりした。イスラーム以前からのアフリカ大陸奥地の習慣だったという女性の割礼は、健康に有害な影響があるとして、エジプトでは一九七九年に禁止されたにもかかわらず、近年、これを受ける女性が増えているばかりか、政治問題にもなっているという。

その発端は、一九九四年の国際人口開発会議の開催中にCNNが女性の割礼についてのドキュメンタリー・フィルムを放映したことだった。番組制作者と割礼の施術師（女性）が投獄されると、大騒動になった。宗教界の一部のメンバーが、このドキュメンタリーを「新たな形の西欧の帝国主義だ」と詰り、厚生省は、男女のいずれの割礼も、きちんとした医療設備のある病院で、資格のある医師によって行なうようにという布告を出した。これは表向きは禁止されていたはずの手術を、公に認めることになったのだと解釈された。

エジプト宗教界のセンターであり、それまでこうした慣習を「イスラームでは認めていない」として非難するか、あるいは用心深く中立の立場をとってきたアル・アズハル大学の学長までが、女性の割礼は男性の割礼と同じく、イスラームの教えに忠実であることのあらわれであるという趣旨の「法的見解」を発表した。これに対して女性団体や人権擁護団体は、人の身体に永久的な損傷を与えることはエジプトの刑法に違反するはずだとして訴訟を起こした。

なぜ禁止から二十年も経って、今更のように女性の割礼がこれほど問題になるのか？　それは、表向きは禁止されていても、隠れてこれを行なっている女性が少なくないからである。その理由は、女性がふしだらな行為に走ることを心配して外に出したがらない両親に対して、一族の恥になるような行為ができないように、きちんと割礼を受けたのだから、教育を受けさせてほしいとか、自分の選んだ人と結婚させてほしいとか、結婚後も仕事を続けさせてほしいという交渉の切り札として使うことができるからだという。

だから、これを受ける女性も決して教育のない、下層階級ばかりではない。一九七〇年代以降、大幅なインフレ、男性の出稼ぎによる不在、女子の高学歴化などが、女性の職場進出を促進している。割礼を受けることは、一族の女のふしだらな行為は男の面子にかかわるとして、女性を家に閉じ込めがちな社会風習を打破するための女性のいじらしい心意気なのだ。それを西欧的なものさしで〝野蛮な行為〟と決めつけるのは大きなお世話なのだろう。人権擁護を掲げて、女性の割礼に反対する運動に軽率に加担することは、もしかしたら、女性の自立の芽を摘んでしまうことになるかもしれないのである。

参考文献

『世界の歴史　4　オリエント世界の発展』小川英雄・山本由美子著（中央公論社、一九九七）
『世界の歴史　8　イスラーム世界の興隆』佐藤次高著（中央公論社、一九九七）
『世界の歴史　15　成熟のイスラーム社会』永田雄三・羽田正著（中央公論社、一九九八）
『世界の歴史　20　近代イスラームの挑戦』山内昌之著（中央公論社、一九九六）
『オリエント史講座』全6巻　前嶋信次・杉勇・護雅夫編（学生社、一九八二―八六）
『江上波夫文化史論集　6　文明の原点オリエント』江上波夫著（山川出版社、二〇〇一）
『世界の女性史　13　中東・アフリカI　東方の輝き』板垣雄三編（評論社、一九七七）
『隊商都市』ミカエル・ロストフツェフ著、青柳正規訳　新潮選書（新潮社、一九七八）
『隊商都市パルミラ』小玉新次郎著（東京新聞出版局、一九八五）
『ユーラシアシルクロード　3　女王の隊商都市』前嶋信次・加藤久晴著（日本テレビ、一九八二）
『シバの女王』ニコラス・クラップ著　柴田裕之訳（紀伊國屋書店、二〇〇三）
『歴史読本　ワールド　特別増刊　世界の女王たち』（新人物往来社、一九八八）
『マホメット』井筒俊彦著　講談社学術文庫（講談社、一九八九）
『コーラン』上、中、下　井筒俊彦訳　岩波文庫（岩波書店、一九五七、一九五八、改版一九六四）
『ハディース　イスラーム伝承集成』1-6　牧野信也訳　中公文庫（中央公論新社　二〇〇一）
『イスラームの原点　コーランとハディース』牧野信也著（中央公論社、一九九六）
『イスラーム文化　その根柢にあるもの』井筒俊彦著　岩波文庫（岩波書店、一九九一）
『イスラム教入門』中村廣治郎著　岩波新書（岩波書店、一九九八）
『イスラムの時代』前嶋信次著　講談社学術文庫（講談社、二〇〇二）
『イスラームと世界史』山内昌之著　ちくま新書（筑摩書房、一九九九）
『イスラームの世界地図』21世紀研究会編　文春新書（文藝春秋、二〇〇二）

参考文献

『イスラーム世界の二千年』 バーナード・ルイス著、白須英子訳（草思社、二〇〇一）
『アラビア・ノート アラブの原像を求めて』 片倉もとこ著 ちくま学芸文庫（筑摩書房、二〇〇二）
『人々のイスラーム その学際的研究』 片倉もとこ編（日本放送出版協会、一九八七）
『イスラームの日常世界』 片倉もとこ著 岩波新書（岩波書店、一九九一）
『「対テロ戦争」とイスラム世界』 板垣雄三編 岩波新書（岩波書店、二〇〇二）
『現代アラブの社会思想 終末論とイスラーム主義』 池内恵著 講談社現代新書（講談社、二〇〇二）
『エルサレムの20世紀』 マーティン・ギルバート著、白須英子訳（草思社、一九九八）
『グラウンドゼロ』 トーマス・フリードマン著、鈴木淑美訳（ウェッジ、二〇〇三）
『オスマン帝国衰亡史』 アラン・パーマー著、白須英子訳（中央公論社、一九九八）
『遠くて近い国トルコ』 大島直政著 中公新書（中央公論社、一九六八）
『遊牧民族の知恵 トルコの諺』 大島直政著 講談社現代新書（講談社、一九七九）
『トプカプ宮殿の光と影』 N・M・ペンザー著、岩永博訳（法政大学出版局、一九九二）
『ペルシア王宮物語 ハレムに育った王女』 タージ・アッサルタネ著、アッバース・アマーナト編、田隅恒生訳 東洋文庫（平凡社、一九九八）
『現代イラン 神の国の変貌』 桜井啓子著 岩波新書（岩波書店、二〇〇一）
『物語 イランの歴史 誇り高きペルシアの系譜』 宮田律著 中公新書（中央公論新社、二〇〇二）
『メッカとリヤド』 岡倉徹志著 講談社現代新書（講談社、一九八八）
『サウジアラビア現代史』 岡倉徹志著 文春新書（文藝春秋、二〇〇〇）
『不思議の国サウジアラビア』 竹下節子著 文春新書（文藝春秋、二〇〇一）
『物語 中東の歴史 オリエント五〇〇〇年の光芒』 牟田口義郎著 中公新書（中央公論新社、二〇〇一）
『暮らしがわかるアジア読本 イラン』 上岡弘二編（河出書房新社、一九九九）
『暮らしがわかるアジア読本 トルコ』 鈴木董編（河出書房新社、二〇〇〇）
『暮らしがわかるアジア読本 アラブ』 大塚和夫編（河出書房新社、一九九八）

『ぬりつぶされた真実』ジャン＝シャルル・ブリザール、ギヨーム・ダスキエ著、山本知子訳（幻冬舎、二〇〇二）
『イスラム・パワー　21世紀を支配する世界最大勢力の謎』宮田律著（講談社、二〇〇〇）
『千一夜物語』1–13　豊島与志雄・渡辺一夫・佐藤正彰・岡部正孝訳　岩波文庫（岩波書店、一九八八）
『アラビアン・ナイトの世界』前嶋信次著　平凡社ライブラリー（平凡社、一九九五）
『皇女セルマの遺言』上・下　ケニーゼ・ムラト著、白須英子訳（清流出版、二〇〇三）

What Went Wrong?: The Clash Between Islam and Modernity in the Middle East, Bernard Lewis, Weidenfeld & Nicolson, 2002
Daughters of Arabia, Jean Sasson, Bantam Books,1994
Princess, Jean Sasson, Windsor-Brooke Books, 2001 (original: William Morrow, 1992)
Princess Sultana's Circle, Jean Sasson, Windsor-Brooke Books, 2000
In Search of Islamic Feminism, Elizabeth Warnock Fernea, Doubleday, 1998
Women and Gender in Islam, Leila Ahmed, Yale University Press, 1992
Qur'an and Woman, Amina Wadud, Oxford University Press, 1999
Nine Parts of Desire, The Hidden World of Islamic Women, Geraldine Brooks, Random House, Inc., 1995
Sleeping with the Devil, How Washington Sold Our Soul for Saudi Crude, Robert Baer, Crown Publishers, New York 2003

http://www.geo.ucalgary.ca
http://www.myislah.org
http://www.islam-online.net
http://www.princesssultanascircle.com
http://www.womeninworldhistory.com

おわりに

翻訳者は歌舞伎の黒子のようなもので、本来の役者の演技ができるだけ映えるように、必要に応じてできるだけ目立たないように手を添えるのが仕事である。

ところが、このところたまたま、中東イスラーム世界を背景にした演物《だしもの》にいくつかかかわってきたために、二〇〇一年九月十一日の同時多発テロ事件以降、身近な人たちからいろいろ質問を受けるようになった。「なぜイスラーム教徒は過激化するのですかね？」「ムスリムの女性は一夫多妻をどう思っているのだろうか？」「女はヴェールやブルカを被せられ、差別・隔離されているってホント？」……などなど。

黒子の私がむずかしい質問に答えられるはずはないが、何かしらこぼれ話でもあれば聞きたい様子である。翻訳者は、読者が何気なく読みすごしてしまう些細な事柄を調べなくてはならないのが宿命だから、たった一語の意味や適切な訳語を探し出すために、時には演物と直接関係のない膨大な資料を読まなくてはならないことがある。すると、思いがけない事実やエピソードに遭遇して、感嘆したり、心を揺すぶられたりするが、これは翻訳者の役得だと思って愉しんできた。

友人同士や知人の集まりで、余興代わりにそうした話のいくつかを披露したことはあるが、同じような質問をしたい人はたくさんいるに違いないから、本にまとめたらという提案があって、本書が出現した。そういうわけで、とくに系統立てて述べるとか、対象をくまなく網羅するなどの努力はしなかったから、これが「イスラーム世界の女性」についてのすべてではない。

本書を読んで、イスラーム世界で起こっているさまざまな出来事を、これまでとは異なった視点から眺めたり、イスラームや中東の人たちを身近に感じて、新たな交流や研究の場をつくる人が出てきたりしてくれれば本望である。

本文中に引用の『コーラン』は井筒俊彦訳（岩波文庫）を、聖書は新共同訳を利用させて頂いた。

これを企画にのせて下さった文藝春秋と、編集の労をおとり下さった宇田川眞氏に心よりお礼申し上げる。

二〇〇三年六月

白須英子

白須英子（しらす ひでこ）

翻訳家。1958年、日本女子大学英文学科卒業。1958-63年、ソニー株式会社外国部勤務。主な訳書に『オスマン帝国衰亡史』（中央公論社）『ソヴィエトの悲劇』『エルサレムの20世紀』『イスラーム世界の二千年』（以上、草思社）『レーニンの秘密』（NHK出版）『情熱のノマド』（共同通信社）『皇女セルマの遺言』（清流出版）など。

文春新書

340

イスラーム世界《せかい》の女性《じょせい》たち

平成15年9月20日　第1刷発行

著　者　白 須 英 子
発行者　浅 見 雅 男
発行所　株式会社 文 藝 春 秋

〒102-8008　東京都千代田区紀尾井町 3-23
電話 (03) 3265-1211（代表）

印刷所　理 想 社
付物印刷　大 日 本 印 刷
製本所　大 口 製 本

ISBN4-16-660340-X

文春新書

◆日本の歴史

皇位継承 高橋紘・所功 001
史実を歩く 吉村昭 003
黄門さまと犬公方 山室恭子 010
名字と日本人 武光誠 011
渋沢家三代 佐野眞一 015
ハル・ノートを書いた男 須藤眞志 028
象徴天皇の発見 今谷明 032
古墳とヤマト政権 白石太一郎 036
江戸の都市計画 童門冬二 038
三遊亭圓朝の明治 矢野誠一 053
海江田信義の幕末維新 東郷尚武 079
昭和史の論点 坂本多加雄・秦郁彦・半藤一利・保阪正康 092
二十世紀日本の戦争 阿川弘之・猪瀬直樹・中西輝政・秦郁彦・福田和也 112
消された政治家 菅原道真 平田耿二 115
ベ平連と脱走米兵 阿奈井文彦 126
江戸のお白州 山本博文 127
手紙のなかの日本人 半藤一利 138
伝書鳩 黒岩比佐子 142
物語 大江戸牢屋敷 中嶋繁雄 157
県民性の日本地図 武光誠 166
白虎隊 中村彰彦 172
謎の大王 継体天皇 水谷千秋 192
歴史人口学で見た日本 速水融 200
守衛長の見た帝国議会 渡邊行男 216
孝明天皇と「一会桑」 家近良樹 221
高杉晋作 一坂太郎 236
日本を滅ぼした国防方針 黒野耐 247
名前の日本史 紀田順一郎 267
四代の天皇と女性たち 小田部雄次 273
倭館 田代和生 281
吉良上野介を弁護する 岳真也 285
黒枠広告物語 舟越健之輔 292
旧石器遺跡捏造 河合信和 297
閨閥の日本史 中嶋繁雄 301
日本の童貞 渋谷知美 316
合戦の日本地図 武光誠・合戦研究会 321

◆アジアの国と歴史

韓国人の歴史観 黒田勝弘 022
中国の軍事力 平松茂雄 025
蔣介石 保阪正康 040
「三国志」の迷宮 山口久和 046
権力とは何か 安能務 071
中国人の歴史観 劉傑 077
韓国併合への道 呉善花 086
アメリカ人の中国観 井尻秀憲 097
中国の隠者 井波律子 159
日本外交官、韓国奮闘記 道上尚史 162
インドネシア繚乱 加納啓良 163
物語 韓国人 田中明 188

(2003.7) A

文春新書９月の新刊

安間文彦
睡眠時無呼吸症候群
たかが居眠りと侮ってはいけません。本当は怖ろしい睡眠時無呼吸症候群の実態や治療法を専門医が分りやすく解説。中年男性必読！

336

有森　隆
日本企業モラルハザード史
日本経済奇跡の発展の陰には、無能で無責任な経営者や怪しげな勢力がうごめいていた。バブル崩壊のあとも彼らの姿は消えていない
337

中村　裕
やつあたり俳句入門
たった十七文字の世界がなぜこんなに面白いのか。芭蕉、子規、虚子たちの人間くさい謎にビックリしながら俳句を作りたくなる一冊
338

井上哲男 編著
毛髪の話
男性の毛髪の最盛期は十七〜二十歳。それ以後も健やかな髪を長く保つ知識を、毛根のしくみから育毛剤まで専門家が詳しく解説する
339

白須英子
イスラーム世界の女性たち
シバの女王から現代のサウジの奔放なプリンセスまで、「コーランか、然らずんば剣か」の世界を彼女たちはいかに生きてきたのか？

340

文藝春秋刊